V&R

Philippe Wampfler

Digitaler Deutschunterricht

Neue Medien produktiv einsetzen

Vandenhoeck & Ruprecht

People who see you surfing the web might even imagine you're working.
William Gibson, The Net is a Waste of Time ... And that's exactly what's right about it (1996)

Seit wann ist »einfach mal weglegen« eigentlich ein sinnvoller Ratschlag für Lernende? […] Smartphones sind auch Bücher.
Dirk von Gehlen, Fünf Fragen zur angemessenen Smartphone-Nutzung (2016)

Mit 27 Abbildungen

Bibliografische Information der Deutschen Nationalbibliothek

Die Deutsche Nationalbibliothek verzeichnet diese Publikation in der Deutschen Nationalbibliografie; detaillierte bibliografische Daten sind im Internet über http://dnb.d-nb.de abrufbar.

ISBN 978-3-525-70197-3

Weitere Ausgaben und Online-Angebote sind erhältlich unter: www.v-r.de

Umschlagabbildung: © Sunny studio – Shutterstock

© 2017, Vandenhoeck & Ruprecht GmbH & Co. KG, Theaterstraße 13, D-37073 Göttingen /
Vandenhoeck & Ruprecht LLC, Bristol, CT, U.S.A.
www.v-r.de
Alle Rechte vorbehalten. Das Werk und seine Teile sind urheberrechtlich geschützt. Jede Verwertung in anderen als den gesetzlich zugelassenen Fällen bedarf der vorherigen schriftlichen Einwilligung des Verlages.
Printed in Germany.

Satz: SchwabScantechnik, Göttingen
Druck und Bindung: ♁ Hubert & Co GmbH & Co. KG,
Robert-Bosch-Breite 6, D-37079 Göttingen

Gedruckt auf alterungsbeständigem Papier.

Inhalt

Die Bratkartoffel-App – vom Mehrwert zum Wert des
digitalen Arbeitens 9

1. Einleitung: Die Selbstverständlichkeit des Digitalen 15
Vom Verhinderungsdiskurs zu Einwänden 20
Digitales Mainstreaming und »Kulturzugangsgeräte« 24
Die zwiespältigen Cargo-Kulte 26
Medien und Deutschdidaktik 28
Zu diesem Buch 30

2. Grundlagen digitaler Arbeit im Deutschunterricht 33
Technische und räumliche Voraussetzungen 35
Agile Deutschdidaktik 37
Zwölf Merkmale guten digitalen Deutschunterrichts 39
    1. Klare Strukturierung 40
    2. Effiziente Zeitnutzung 41
    3. Lernförderliches Klima 42
    4. Inhaltliche Klarheit 43
    5. Variierende Methoden und Sozialformen 43
    6. Schülerorientierung 44
    7. Intelligentes Üben 45
    8. Komplexe Motivierung 45
    9. Kumulatives Lernen, Kontextualisierung, Vernetzung 46
    10. Wirkungs- und Kompetenzorientierung 47
    11. Kommunikation, Kollaboration, Kreativität und kritisches Denken 48
    12. Offenheit und Freiheit 49

Digitale Literatur als Teil eines weiten Textbegriffs 50
Medienkompetenz vermitteln 54
Vertrauen: Wenn die Bildschirme auf den Tischen stehen 56
Lernprozesse und Lernprodukte bewerten 57
Digital lesen, digital schreiben: empirische Befunde 59
Unterricht hacken – der Umgang mit rechtlichen Bedenken 66

3. Projekte und Unterrichtsideen 69
Aufbau einer Persönlichen Lernumgebung 71
Digital Informationen suchen und beurteilen lernen 73
Dialogisch Lernen mit digitalen Hilfsmitteln 76
Wikipedia-Einträge verbessern 78
    Abschluss eines Themenblocks 81
    Individuelle Arbeit 82
    Vergleich mit anderen Lexikoneinträgen 82
    Themenblock: Ist Wikipedia eine sinnvolle Informationsquelle? 82
Kollaborative Arbeit an Texten und deren Lesbarkeit 83
    Leichte und einfache Sprache 84
    Spiel mit dem Lesbarkeitsindex 85
    Ausführliches Peer-Feedback bei der Textproduktion 86
    Gruppen- oder Klassenarbeit an Texten 87
Sunset: Einen digitalen Text lesen 87
    »Close reading« am Projektor 90
    Einzellektüre 91
    Produktive Auseinandersetzung 91
    Klassendiskussionen zu Inputs der Lernenden 91
    Erzählanalyse im Vergleich mit dem Roman *Wörterbuch* 91
Werther: Facebook und E-Mail 92
    Den Text aufteilen und umschreiben 93
    Werther als E-Mail oder SMS lesen 94
    Eine eigene E-Mail-Erzählung schreiben 94
    Werther als Facebook-Roman verfassen 95
    Die neue kalte Liebesordnung 96
Fräulein Else twittert 97
    Intimes in sozialen Netzwerken 98
    Fräulein Else twittern lassen 98
    Weitere Personen mit Profilen ausstatten 99
    Eine reine Twittererzählung verfassen 99
    Die Wortspiele und Wiederholungen herausarbeiten 100

Podcasts wahrnehmen und produzieren 100
Digitale Notizen und Arbeitsblätter 102
Digitale Portfolios 108
Unterrichtsblogs und individuelles Bloggen 109
    Protokolle 110
    Blog-Aufträge als Hausaufgaben 111
    Begleitung von Lektüre 112
    Feedback- und Kommentarkultur 112
    Persönliche Blogs 113
Kommentarkultur als Spiel und Lernumgebung 113
Creative Commons 117
Auseinandersetzung mit dem Turing-Test und Chatbots 121
Rhetorik: Konzeptionelle Mündlichkeit, Emojis und Youtube 124
Memes als Embleme 135
Gedichte schreiben mit Google und WhatsApp 138
    WhatsApp-Gedichte 140
    Google-Poesie 140
    Automatengedichte 141
Interaktive Erzählungen lesen, konzipieren
und digital umsetzen 143
    Karten-Hypertext 145
    Projektarbeit: Eigenes Textadventure programmieren 145
Statistische Verfahren im Umgang mit Texten 146

Materialien 149
Wie Deutschlehrkräfte digital fit werden 149
Merkblatt: Social Media-Guidelines für Lehrpersonen 152
Merkblatt: Social Media im Unterricht 153

Literatur 155

Die Bratkartoffel-App – vom Mehrwert zum Wert des digitalen Arbeitens

Abb. 1: Tweet von Peter Jochum, 14. April 2016,
https://twitter.com/JochumPeter/status/720540460222164992

Der abgebildete Tweet des Deutschlehrers Peter Jochum hat unter den digital vernetzten Deutschlehrkräften im Frühling 2016 einen kleinen Sturm verursacht. Jochum hat innerhalb einer Reihe von selbstorientierten Zugängen zu Goethes *Faust I* in einer Sequenz auch Snapchat als Werkzeug eingesetzt. Die

Schülerinnen und Schüler haben Szenen aus dem Drama als Snapchat-Bilder inszeniert. (Snapchat ist ein bildbasiertes Chat-Tool, das sich besonders durch Fotofilter auszeichnet, die ständig wechseln.) Dabei folgte Jochum den Vorgaben eines »handlungs- und produktionsorientierten Literaturunterricht«, wie ihn etwa Haas, Menzel und Spinner beschrieben haben:

> Die Schülerinnen und Schüler werden angeregt, eigene Vorstellungen zum Text zu entwickeln und sie in mannigfacher Form gestaltend zum Ausdruck zu bringen. [...] [Was diese Verfahren besonders gut können] ist die »Konfrontation eigener Erfahrungen« mit dem »Unbestimmtheitsbetrag« eines Textes zu verschärfen, die Spannung zwischen eigenen [...] Erwartungen und den im Text gegebenen Irritationen zu erhöhen, denn all diese Verfahren motivieren dazu die Aufmerksamkeit [...] auf das Unbestimmte oder das Besondere oder auf die poetische Machart eines Textes zu lenken. (Haas/Menzel/Spinner, 1994, S. 9 f.)

Abb. 2: Beispiel einer Snapchat-Inszenierung zu Faust I, https://peterjochum.files.wordpress.com/2016/04/img_3905-e1460709066860.png

Die Diskussion, die in der Folge entbrannte, befasst sich mit dem Mehrwert solcher Tools im Unterricht. Gingen Lehrkräfte wie Jochum davon aus, die Motivation der Lernenden beim Einsatz der Möglichkeiten neuer Tools reiche als didaktische Begründung weitgehend, kamen zunehmend skeptischere Stimmen auf: Sogar eine App, mit der man nur Bilder von Bratkartoffeln verschicken könnte, würde im Deutschunterricht von digitalen Enthusiasten sofort eingesetzt, bemerkte der Didaktiker Axel Krommer in einem zynischen Kommentar (Krommer, 2016a).

In ihren Überlegungen zum Mehrwert interaktiver Medien haben Peter Baumgartner und Erich Herber gefordert, »dass sich aufgrund der vielseitigen Nutzungs- und Interaktionsmöglichkeiten automatisch auch ein Nutzen- und Qualitätsvorteil für das Lernen« ergeben müsse. Das sei nicht gegeben, wenn digitale Werkzeuge genutzt werden. Vielmehr schaffe die Lehrperson ein didaktisches Setting mit einem Medienangebot, in dem Lernprozesse stattfinden. Das didaktische Potenzial könne nur eingelöst werden, wenn erzielte Lerneffekte »gegenüber einer Situation ohne Nutzung dieser Medien *überlegen*« seien. Diese Perspektive sei deshalb wichtig, weil der Aufwand für die Nutzung digitaler Tools recht hoch sei (Baumgartner/Herber, 2013, S. 330 f.).

Es wird deutlich: Erschöpft sich das didaktische Setting darin, ein bestimmtes Medium wie die fiktive Bratkartoffel-App anzubieten, dann ergibt sich weder ein Potenzial noch ein didaktischer Mehrwert.

An dieser Sicht lässt sich aber einiges aussetzen. Erstens gibt es Unterricht ohne Medien nicht, diese gehören zu jedem Setting. Ob Wandtafel oder Smartphone: Die mediale Vermittlung lässt sich nicht von Lernprozessen lösen. Zweitens führt die starke Verbreitung dazu, dass der Einsatz einfacher digitaler Tools ohne nennenswerten Aufwand erfolgen kann. Im Lexikon oder auf Wikipedia nachschlagen, eine digitale Projektion oder eine auf dem Tageslichtprojektor, eine Smartphone-Notiz oder eine in der Papieragenda sind vom Aufwand her vergleichbar.

Diese Kritik an der Mehrwert-Formel impliziert aber nicht, dass der Einsatz digitaler Tools per se einen didaktischen Nutzen erbringt oder dass die Frage nach der Begründung hinfällig wird. Überholt ist der Vergleich von Unterrichtssettings mit digitalen Medien und solchen ohne – nicht aber der Vergleich verschiedener Werkzeuge und Methoden in Bezug auf die Lerneffekte und die Erreichung von Lernzielen.

Zwei Überlegungen scheinen vorschnell nahezulegen, die Recherche im Internet, die Präsentation mit PowerPoint oder eben die szenische Inszenierung mit Snapchat würden allein durch die Verwendung von Werkzeugen zu einem Aufbau von Kompetenzen führen. Es handelt sich dabei um die Vorstellung, ihr Einsatz würde Motivation sowie Medienkompetenz erzeugen:

In Schulzimmern lässt sich engagiertes Arbeiten beobachten, wenn digitale Tools eingesetzt werden dürfen. Doch welcher Art ist diese Motivation, worauf bezieht sie sich? Ist es in diesem Beispiel Snapchat-Motivation oder Faust-Motivation? Bleibt sie bestehen oder verpufft sie? Hilft sie dabei, die anspruchsvollen Walpurgisnacht-Passagen mit einem Wörterbuch zu lesen? Nachhaltige Motivation entsteht bei den Lernenden selbst. Selbst über Tools bestimmen zu können, unterstützt diesen Prozess oft. Aber per se begründet eine oberflächlich erkennbare Motivation nicht den Einsatz jeglicher digitaler Hilfsmittel. Medienkompetenz hingegen ergibt sich aus einer Kombination von Wissensaufbau, Mediennutzung und Medienreflexion. Das alles müsste sichergestellt werden, damit diese Vorstellung didaktisch wirksam werden kann.

Von Lehrkräften zu fordern, dass sie den Einsatz ihrer Methoden begründen können, ist kein theoretischer Zwang, der die Erfordernisse der Praxis ausblendet. Schulleitungen sollten Lehrkräfte, die mit Klassen neue Formen ausprobieren, unterstützen – auch dabei, explizit zu machen, welche Lerneffekte sie beobachten und mit dem Einsatz bestimmter Methoden verstärken können. Können sie das nicht, sind sie unter Umständen nicht in der Lage, Schülerinnen und Schüler in ihrem Lernen zu unterstützen.

Während es digitale Prozesse gibt, für deren Einsatz es kaum eine didaktische Begründung braucht (zu denken ist etwa an den Zugriff auf den Rechtschreib-Duden per Smartphone, die Koordination von Lernenden in WhatsApp-Gruppen oder den Einsatz von Textverarbeitung in Schreibprozessen), weil sie entweder so überzeugend oder so selbstverständlich sind, ist der Wert anderer Methoden stark vom didaktischen Setting abhängig, gerade, wenn etablierte didaktische Konzepte mit neuen Tools angereichert werden. In einer Unterrichtsphase Snapchat auszuprobieren und dann die Ergebnisse der Prozesse auszuwerten, ist legitim. Aber nur die Reflexion über den Einsatz dieser Werkzeuge kann transparent machen, in welcher Form Lerneffekte ausgelöst worden sind und wie sie verstärkt und oder überprüft werden können. Anders gesagt: Wenn Schülerinnen und Schüler Faust auf Snapchat nachstellen, müsste in einem zweiten Schritt gesagt werden, was sie dabei wie gelernt haben (vgl. Jochum, 2016). Daraus ergibt sich dann der Wert digitaler Tools.

Eine lernbezogene Perspektive, welche die Funktion von Methoden und Werkzeugen betont, ist fruchtbarer als die Frage nach dem Mehrwert, die starke Annahmen über schulischen Unterricht macht. Sie geht davon aus, dass in formalen Settings gelernt wird, bei denen eine klare Rollenverteilung zwischen wissenden Lehrkräften und zu belehrenden Schülerinnen und Schülern herrscht. Die Settings sind an einen Lernort und eine ritualisierte Art der Leistungsmessung gebunden, die letztlich Grundlage für schulischen Erfolg ist.

Die Digitalisierung zeigt, wie wackelig das Fundament dieser Annahmen geworden ist. Besonders beim informellen Lernen bezieht sie sich auf andere Formen von Lernen und auf alternative Beziehungskonstellationen – beide gehen direkt von den Lernenden aus, die dabei lediglich unterstützt werden. Solche Vorstellungen finden sich auch in schulischen Leitbildern. So heißt es etwa in den Bildungsstandards für den Mittleren Schulabschluss im Fach Deutsch:

[Schulische Bildung] zielt auf Persönlichkeitsentwicklung und Weltorientierung, die sich aus der Begegnung mit zentralen Gegenständen unserer Kultur ergeben. (Kultusministerkonferenz, 2013, S. 3)

In diesem Kontext liegt der Wert digitaler Methoden einerseits darin, das didaktische Repertoire von Lehrkräften zu erweitern, andererseits einen direkten Bezug zum Lernen der Schülerinnen und Schüler herzustellen. Damit situieren sie den Unterricht in einem kulturellen Umfeld, das gesellschaftlich prägend ist und in dem momentan wesentliche gesellschaftliche Fragen neu verhandelt werden. Die Frage nach dem Mehrwert ist die Frage danach, ob ein neues Medium besser kann, »was wir mit den alten Medien schon konnten« (Rosa, 2016). Dieser Wert ist meistens gering, weil er vom Horizont einer bereits akzeptablen Praxis beurteilt wird. Rücken hingegen die neuen Möglichkeiten in den Blick, so ist der Horizont »schier grenzenlos«, es entsteht eine Angst vor dem Kontrollverlust, der nur begegnet werden kann, indem gezeigt wird, dass Kontrolle schon immer eine Illusion war, besonders in der Schule (ebd.).

Die Mehrwert-Diskussion lässt sich mit dem Verweis auf Beat Döbeli Honegger abschließen, der darauf hinweist, dass die Frage »falsch gestellt« worden ist:

Es sind nicht (digitale oder analoge) Medien per se, die einen didaktischen Mehrwert bieten, sondern die geschickte Kombination aus Unterrichtsmethode, Inhalt und Medien. Auch die Wandtafel führt nicht automatisch zu besserem Unterricht. Es sind gut ausgebildete Lehrerinnen und Lehrer, die wissen, wann und wie Medien lernförderlich eingesetzt werden können.(Döbeli Honegger, 2016, S. 68)

So unterscheidet sich Snapchat von der imaginären Bratkartoffel-App: Ein lernförderlicher Einsatz ist schon deshalb denkbar, weil die App in der Jugendkultur fest verankert ist und ihre Reflexion sichtbar machen kann, welche Prozesse für erfolgreiche Kommunikation entscheidend sind. Snapchat hat direkt mit dem Gegenstand des Deutschunterrichts zu tun und eröffnet neue Perspektiven auf sprachliches und kulturelles Handeln – auch ohne Anbindung an *Faust*.

1. Einleitung: Die Selbstverständlichkeit des Digitalen

> Unsere Umgebung ist weder digital noch analog. Beide Begriffe sind
> Idealisierungen der Realität, genau wie die Idee, man könnte eine
> auf Papier gemalte Linie in unendlich viele Stücke zerschneiden.
> Analoges und Digitales existiert in Menschen und Geräten gleichzeitig,
> je nachdem, wie genau man auf welcher Ebene hinschaut.
>
> *Kathrin Passig/Aleks Scholz (2015)*

Digitalisierung ist kein besonders neuer Prozess. In vielen Bereichen der Gesellschaft sind die damit zusammenhängenden Veränderungen selbstverständlich geworden. Das lässt sich gut an einem Beispiel zeigen: Geld ist nichts anderes als ein Datensatz, der digital transferiert werden kann. Bargeld bildet bestimmte Funktionen des Geldsystems analog ab. Deshalb kann in Europa konkret darüber nachgedacht werden, Bargeld abzuschaffen.

Wer von »der Digitalisierung« spricht oder das Adjektiv »digital« verwendet, bezieht sich oft auf eine Vermischung verschiedener Entwicklungen, die nur am Rande damit zu tun haben, wie Informationen gespeichert oder übermittelt werden. Beim obigen Geld-Beispiel kann klar angegeben werden, was mit Digitalisierung gemeint ist (dass nämlich der Wert des Geldes durch eine gespeicherte Information gesichert ist und nicht durch eine physische Repräsentation). Bei sozialen Prozessen lassen sich Ursachen und Wirkungen oft nicht auseinanderhalten. Eine *Uber*-Fahrerin steuert genau wie ein Taxi-Fahrer ein Auto von einem Ort zum anderen und wird dafür bezahlt: Lediglich die Vermittlung der Fahrt erfolgt über einen digitalen Kanal, bei dem

Algorithmen und Bewertungen eine Rolle spielen. Das Geschäftsmodell von *Uber* verschränkt so wirtschaftlichen, sozialen und kommunikativen Wandel miteinander – und nur ein Teil davon hat mit der Digitalisierung direkt zu tun. Angestellte von *Uber* müssen sich als Unternehmerinnen und Unternehmer verstehen, die von ihrem Arbeitgeber nicht gegen Risiken geschützt oder mit Arbeitsgeräten und Infrastruktur ausgestattet werden. Das ist der wirtschaftliche Aspekt des Wandels. Kundinnen und Kunden bewerten die Dienstleistenden, werden aber auch von ihnen bewertet, was wiederum das Verhalten des Vermittlungsalgorithmus beeinflusst: Nur wer sich an die Regeln hält, erhält eine hochwertige Dienstleistung. Das ist der soziale Aspekt der Veränderung. Und die Interaktion über eine App auf beiden Seiten der Transaktion ist der digitale.

Ist nun in diesem Buch die Rede von Digitalisierung, dann ist diese Veränderung in einem breiten Sinne gemeint. Diese auf den ersten Blick unpräzise Begrifflichkeit ist der Einsicht geschuldet, dass wirtschaftliche und soziale Veränderungen stark von Kommunikationsprozessen und Daten abhängen. Was Menschen tun, spielt sich in einer »Zwischensphäre« ab, um einen Begriff des Philosophen Luciano Floridi zu verwenden. Sie sei »von der Gleichzeitigkeit von analog und digital, virtuell und materiell geprägt« (Floridi, 2015, S. 71). Die Digitalisierung führt also letztlich zur Ununterscheidbarkeit der beiden Sphären, die im Menschen schon immer verbunden waren, weil er in einem materiellen Körper virtuell denkt und fühlt, weil er analoge und digitale Verfahren verbindet.

Zu meinen, die Digitalisierung sei ein Prozess, der sich darin erschöpfe, Zeitungen auf Tablets lesbar zu machen, Smartphones in Spielkonsolen zu verwandeln, soziale Beziehungen auf Plattformen abzubilden und Kunden Bestellinterfaces anzubieten, ist ein Missverständnis. Es handelt sich weder um eine Mode der Jugendkultur noch um einen wirtschaftlichen Trend, sondern um eine einflussreiche und wirksame Veränderung, wie Christoph Schmitt ausgeführt hat:

»Digitalisierung« steht [...] für eine komplette Veränderung der Art und Weise, wie wir in Zukunft leben werden: Wie wir unseren Alltag gestalten, wie wir miteinander kommunizieren, wie wir arbeiten, lernen, unterwegs sind. Wie wir uns organisieren, wie wir bezahlen, kochen, essen, einkaufen. Wie wir medizinisch versorgt werden. Wie wir sind.

> Wir stecken bereits mittendrin in diesen Veränderungen. Dass wir »so wenig davon merken«, hat mit der Digitalisierung selbst zu tun. Sie funktioniert vor allem im Hintergrund. Sie ist nicht laut, wie das Zeitalter der ersten industriellen Revolution. Sie ist für unser Auge beinahe unsichtbar, weil sie keine Fabriken baut, sondern weil sie diese kleiner macht, und häufig überflüssig. Weil sie alles, was mit Produktion zusammenhängt, auf den ganzen Planeten verteilt. Denn ein wesentliches Merkmal der Digitalisierung ist: Sie dezentralisiert. Alles.
>
> Und sie erhöht das Tempo. Unmerklich und überall. Bestellen, Buchen, Entscheiden, Produzieren und Liefern: das alles geht schneller, weil die Digitalisierung Wege nicht verkürzt, sondern abschafft – dort, wo es sie nicht mehr braucht. (Schmitt, 2016, o. S.)

Lisa Rosa sieht in diesem Zusammenhang eine Herausforderung für die Schule:

> In diesem Denkhorizont verstehen wir die »Digitalisierung der Schule« nicht als Zutat oder Zusatzaufgabe für eine ansonsten unveränderte Schule. Oder etwa als das Austauschen einer veralteten Geräte-Ausstattung. Das neue Leitmedium Computer/Internet ist (historisch analog zum Buchdruck) nicht einfach nur eine zusätzliche neue Methode, mittels derer wir die immer schon gelösten Aufgaben schneller, besser, effizienter bearbeiten. Es verändert stattdessen die Grundlagen und Bedingungen, unter denen wir unsere Aufgaben historisch neu formulieren und neue Lösungen dafür finden. In jeder Epoche geht es am Ende um die Neudefinition des Verhältnisses von Individuum und Gesellschaft. (Rosa, 2016, o. S.)

Von der Digitalisierung sind damit auch sprachliche Verfahren und Praktiken betroffen. Wer ohne Textverarbeitungsprogramme schreibt oder ohne digitale Folien präsentiert, sucht entweder ein Alleinstellungsmerkmal als Künstler oder befindet sich in der Schule. Alle professionell gestalteten sprachlichen Produkte entstehen mit digitalen Werkzeugen. Außer im direkten persönlichen Gespräch wird Sprache primär digital übermittelt – mündlich wie schriftlich. Haben viele Erwachsene Mobil-Telefonie oder E-Mail noch als Innovation erlebt, von der sie sich fragen konnten, ob sie dafür jemals eine wirkliche Verwendung finden würden, so ist ein privater oder beruflicher Verzicht darauf heute mit einem hohen Preis verbunden. Das gilt für viele weitere Kulturtechniken, die wenige Jahre vor ihrer Einführung undenkbar erschienen und dann lange sinnlos wirkten, bis sie eine breite Wirkung entfaltet haben und scheinbar alternativlos wurden.

Nicht nur deswegen ist der Deutschunterricht stark von der Digitalisierung betroffen: Er bietet auch einen Rahmen, um über literarische und andere Texte eine breite kulturwissenschaftliche Perspektive auf gesellschaftliche Prozesse einzunehmen und in der Vermittlung von Medienkompetenz Jugendliche dazu anzuleiten, ihre Mediennutzung zu reflektieren und in einem kulturhistorischen Kontext zu verorten.

Der Selbstverständlichkeit des Digitalen hat sich der Deutschunterricht bislang entzogen. Dafür gibt eine Reihe von Gründen, deren Analyse eine ausführlichere Darstellung von Verhinderungsdiskursen erfordert, mit denen digitaler Arbeit an Schulen generell begegnet wird. Diese Analyse leisten die nächsten Abschnitte. Grundsätzlich sind Schulen träge Systeme, die sich an beschleunigte Veränderungen wie die Digitalisierung schlecht anpassen können. Das zeigt sich schon nur am Umgang mit Zeit und Raum: Fast alle Schulen im deutschen Sprachraum gehen davon aus, dass eine Klasse während einer Lektion in einem Schulzimmer präsent ist. Kurz: Sie betreiben 10-G-Unterricht:

> Alle **G**leichaltrigen haben zum **g**leichen Zeitpunkt, im **g**leichen Fach, beim **g**leichen Lehrer, im **g**leichen Raum, mit den **g**leichen Mitteln die **g**leichen Dinge zu tun und zu den **g**leichen Fragen in der **g**leichen Zeit die **g**leichen Antworten zu geben. (Stadler, 2016, S. 9)

Diese Grundannahme wird durch die Digitalisierung hinterfragt, indem Lernprozesse zeit- und ortunabhängig angeleitet werden können und vielfältigere Sozialformen denkbar werden.

Dieses Buch geht davon aus, dass die Digitalisierung den Kern sprachlichen Lernens betrifft und verändert. Dafür gibt es zwei wesentliche Argumente: Erstens prägt Digitalisierung die Lebenswelt Jugendlicher, ihre Kommunikation, ihre Sprache, ihre Kultur. Sollen sie sich darin zurechtzufinden und Verantwortung übernehmen können, muss sich schulische Bildung mit digitalen Verfahren und Produkten befassen und sie reflektieren. Zweitens bereitet die Schule auf ein Berufsumfeld vor, in dem digitale Arbeitsweisen Normalität sind und von Berufseinsteigerinnen und -einsteigern erwartet werden. In verschiedenen Berufsfeldern werden Menschen in naher Zukunft mit Maschinen und Algorithmen kooperieren. Schon heute gibt es wenige professionelle Aufgaben, welche nicht an digitale Abläufe gebunden sind.

Die Wucht und Geschwindigkeit des Digitalisierungsprozesses wird oft als Ohnmacht erlebt. Sie ist verbunden mit einem Kontrollverlust. Der Informationsüberfluss wird als Bedrohung wahrgenommen, für die der Informationsethiker Rafael Capurro ein eindrückliches Bild gefunden hat:

> Es ist wie im Meer. Das Meer ist immer stärker, aber man kann lernen zu schwimmen. Man kann zwar immer noch ertrinken, auch wenn man gut schwimmen gelernt hat. Aber man hat sich das Schwimmen einverleibt. Und das geht nicht nur mit dem Medium Wasser. Man kann auch lernen, in diesem digitalen Chaos zu schwimmen – und sogar Spaß haben dabei, das gehört ja auch dazu. (Capurro, 2015, o. S.)

Schwimmen im digitalen Chaos – diese Perspektive kann gut als Leitbild für das Unterfangen dienen, das dieses Buch begleitet. Spricht Capurro davon, man müsse sich dieses Schwimmen »einverleiben«, so bedeutet das übersetzt, dass die entsprechenden Kulturtechniken eingeübt werden müssen. Es ist eine produktive Haltung, die Wert auf praktische Erfahrung legt, aber grundsätzliche Bedenken und ein umfassendes Problembewusstsein nicht ausschließt.

Bei der Bewältigung dieser Aufgabe hilft ein Blick auf ähnliche Prozesse in der Kulturgeschichte: Zwischen 1500 und 1700 erlebten Intellektuelle eine Bücherflut, die sie daran zweifeln ließ, ob die Menschheit die vielen Informationen überhaupt noch bewältigen könne. Leibniz befürchtete etwa eine »Rückkehr in die Barbarei« (vgl. Wampfler, 2014, S. 16 f.). Bücher und Bibliotheken wurden ähnlich ozeanisch wahrgenommen wie die heutige Informationsflut im Netz. Statt das Schwimmen zu lernen, wurde nach Inseln gesucht, die sichere und relevante Informationen bereithielten. Doch erst die Auseinandersetzung mit der Bücherüberschwemmung führte zu den paratextuellen Hilfsmitteln, die wir heute diesbezüglich kennen: Inhaltsverzeichnisse, Verzeichnisse, Zitatsammlungen, Zusammenfassungen.

Für den Deutschunterricht bedeutet das: Nicht die Inseln aufsuchen, die der literarische Kanon, die traditionelle Gattungs- und Textsortenlehre und die herkömmlichen didaktischen Settings anbieten, sondern in der digitalen

Kultur schwimmen lernen und es mit Übung und Lust dereinst beherrschen. Wie das gelingen könnte, zeigen die verschiedenen Angebote dieses Buches.

Es ist einfach gestrickt: Einführende Überlegungen werden in einem zweiten Teil in Bezug auf die Grundlagen des Deutschunterrichts konkretisiert. Was bedeutet die Digitalisierung für das Fach Deutsch? Im dritten Teil werden Projekte beschrieben, die sich im Deutschunterricht umsetzen lassen. Sie behandeln Neue Medien einerseits als Lerngegenstand, andererseits als Lernmethode. So ermöglichen sie einen umfassenden Aufbau von Kompetenzen, bei dem Wissen, Praxis und Reflexion gekoppelt werden.

Vom Verhinderungsdiskurs zu Einwänden

Um es zu wiederholen: Schulen sind träge Systeme. Die Ausbildung von Lehrkräften dauert lange und zieht mehrheitlich Menschen an, die sich mit ihrer längst vergangenen Schulsozialisation identifizieren können. Prüfungen und Lehrpläne sind Resultate komplexer politischer Verfahren. Schnelle Entwicklungen wie die Digitalisierung überfordern die Wandlungsfähigkeit von Schule und Unterricht.

So verorten denn auch viele aktuelle Lehrpläne und Fachdidaktiken digitales Lernen im Deutschunterricht in einen Randbereich oder bei den überfachlichen Kompetenzen, die oft wenig Einfluss auf die Unterrichtsgestaltung haben. Ein bildungsbürgerlich definierter Kanon gibt vor, was beim schulischen Lernen relevant ist. Das gilt besonders für den Deutschunterricht, der stark von der Vorstellung geprägt ist, Klassiker erarbeiten zu müssen und eine Sprache zu pflegen, die Resultat einer langen Tradition ist und zu deren Beherrschung herkömmliche Unterrichtsmethoden ganz vorzüglich geeignet scheinen.

Diese Vorstellung verhindert die Thematisierung digitaler Kultur und die Einübung (post-)digitaler Methoden. Weitere Verhinderungsdiskurse kommen hinzu: So sind etwa wirtschaftliche und rechtliche Bedenken klassische Argumente, mit denen eine offene Auseinandersetzung mit digitalen Methoden an Schulen verhindert wird. Sie konstituieren eine Reihe sich überlappender Verhinderungsdiskurse.

Was heißt das? Die vorgebrachten Argumente sind grundsätzlich nicht falsch, werden aber in ihrer Bedeutung aufgeblasen. Wie der Praxisteil zeigen wird, können im Deutschunterricht viele zentrale Kompetenzen in Lernlandschaften erarbeitet werden, in denen digitale Literatur der Fokus für das sprachliche Lernen ist. Erhalten etablierte Textsorten und Autoren (sowie wenige Autorinnen) den Vorrang, so mag das mit einer bestimmten Form von Identität oder der Bedeutung dieser Werke für größere kulturelle Zusammenhänge zu begründen sein. Das sind aber in Bezug auf die massive Selektion, die andere Bezüge und Identitäten unsichtbar macht, keine besonders starken Argumente. Es gibt keine selbstverständliche Begründung, weshalb die Lektüre von *Maria Stuart* für den Kompetenzaufbau von Jugendlichen eine bessere Lernumgebung darstellt als ein narratives Computerspiel oder die Analyse von Youtube-Videos. Daraus erfolgt kein Plädoyer für eine Entscheidung zwischen Kanon und zeitgenössischen Arbeiten oder zwischen Tradition und Innovation. Vielmehr zeigt diese Analyse, dass die Einseitigkeit der schulischen Orientierung nicht aus rationalen Überlegungen ein Hindernis für die digitale Arbeit darstellt.

Dasselbe gilt für wirtschaftliche oder rechtliche Bedenken, für die Hinweise auf die fehlenden Ressourcen bei Lehrpersonen oder die Skepsis, ob digitales Lernen nachhaltig wirken kann. Sie alle nehmen Überlegungen auf, die differenziert betrachtet durchaus eine Berechtigung haben. In Bezug auf die gesellschaftlichen Verschiebungen, welche die Digitalisierung auslöst oder anzeigt, stehen diese Prozesse in hochkomplexen Abhängigkeiten: Rechtliche Fragen lassen sich von wirtschaftlichen kaum trennen und stehen auch in einem Bezug zur Bedeutung der Arbeit und zu lebenslangem Lernen. Der Silicon-Valley-Vorstellung, digitale Werkzeuge wie *Uber* würden der Menschheit uneingeschränkte Fortschritte bringen, gerade weil sich die Unternehmen nicht an Regulierungen und rechtliche Vorgaben halten, steht eine düstere Realität gegenüber, in der sich prekäre Arbeitsverhältnisse und mangelnder rechtlicher Schutz von Schwachen rapide ausbreiten und die scheinbare digitale Freiheit durch die Preisgabe von Daten und den Konsum von Werbung teuer erkauft wird.

Diesen Vorgängen darf eine verantwortungsvolle Schule nicht Vorschub leisten, indem sie Angebote von Unternehmen unkritisch einsetzt und so massive Abhängigkeiten erzeugt. Aber weil sich bedeutende Entwicklungen abspielen, müssen Jugendliche sich auch mit solchen Prozessen kritisch auseinandersetzen. Der Deutschunterricht bildet da keine Ausnahme – gerade weil sich die sprachliche Arbeit stark verändert hat durch digitale Verfahren.

Auf differenziert formulierte Bedenken gibt es Antworten. Sensible Daten müssen geschützt werden. Schulen achten Urheber- und Nutzungsrechte wie alle anderen Gesetze. Sie kaufen Lehr- und Lernmaterialien von seriösen Anbietern, die verantwortungsvoll handeln. All das ist völlig unbestritten – verhindert aber die schulische Arbeit in digitalen Umgebungen keineswegs. Erfolgt sie reflektiert, dann werden solchen Rahmenbedingungen und Anforderungen mitbedacht. Die hier versammelten Projekte lassen sich meist problemlos so umsetzen, dass offen lizenzierte Software ohne die Preisgabe persönlicher Daten verwendet werden kann. Kompromisse und Abwägungen sind dabei immer wieder nötig: Darf man Schülerinnen und Schüler Werbung aussetzen, wie sie z. B. auf Youtube oder bei Google angezeigt wird? Ist schon allein die Zugehörigkeit zu einer Klasse eine Information, die unbedingten Schutz verdient? Können schulische Arbeiten mit Anbietern erledigt werden, die Daten auf nicht-europäischen Servern speichern und diese auswerten und verkaufen?

Einige dieser Fragen können Datenschutzüberlegungen und Gesetze sicher beantworten. Möglicherweise zeigt sich aber auch, dass überzeugende pädagogische Arbeit eine Modifikation gewisser Vorschriften und Reglements erfordert. Entscheidend ist jedoch, dass Einwände präzise formuliert werden und nicht diffuse Abgrenzungen von einer Arbeitsweise sind, die nicht mehr als Hype oder Mode abgewertet werden kann. Verhinderungsdiskurse und Einwände unterscheiden sich in der Absicht derer, die sie vorbringen: Geht es darum, pädagogisches Handeln zu klären und zu verbessern, dann liegt ein Einwand vor. Soll es verhindert werden, werden scheinbare Einwände missbraucht.

Beat Döbeli Honegger hat in seinem Buch *Mehr als 0 und 1* vorgeführt, wie mit Einwänden gegen die Digitalisierung umgegangen werden kann: Er sammelt und klassifiziert sie auf *mehrals0und1.ch/Argumente* sowie im Anhang zu seinem Buch. Die Handlungsaufforderung an die Lesenden lautet dabei wie folgt:

> In Diskussionen, Artikeln und Leserbriefen werden oft ähnliche Argumente gegen das Digitale [...] genannt. Es ist wichtig, diese Argumente zu kennen. Gewisse davon sind unsinnig oder leicht zu widerlegen, andere gilt es durchaus zu bedenken und sind nicht von der Hand zu weisen. Machen Sie sich [...] mit solchen Argumenten vertraut. Überlegen Sie sich, wie stichhaltig die Argumente aus Ihrer Sicht sind und wie sie gegebenenfalls widerlegt werden können. (Döbeli Honegger, 2016, S. 176)

A: Es schadet!			
»Es geht etwas verloren«-Argumente	»Es ist zu früh«-Argumente	»Falsche Anreize«-Argumente	»Macht dumm«-Argumente
Gesundheits-Argumente	Jugendschutz-Argumente	Umwelt-Argumente	»Fremde Interessen«-Argumente
B: Es lohnt sich nicht.			
»Bisher ging es auch ohne«-Argumente	»Didaktischer Mehrwert«-Argumente	Schüler-Argumente	Finanz-Argumente
C: Es geht nicht.			
Lehrer-Argumente	Schulsystem-Argumente	Eltern-Argumente	
D: Aber nicht so.		**E: Diverse**	
Technische Argumente	»Falsches Vorgehen«-Argumente	Ad-hominem-Argumente	

Abb. 3: Kategorien von Argumenten gegen das Digitale in der Schule, Döbeli Honegger (2016), S. 176

Ruft man sich dabei den klassischen Essay von Kathrin Passig über die *Standardsituationen der Technologiekritik* in Erinnerung, so wird deutlich, mit welcher Heftigkeit und Regelmäßigkeit Innovationen mit Kopien derselben Argumente begegnet wird.

Den meisten dieser Vorwürfe ist gemein, dass ihre Anhänger die jeweiligen Probleme für naturgegeben und unvermeidlich halten und von einer weiteren Verschlechterung der Lage ausgehen, obwohl dafür historisch gesehen eher wenig spricht. (Passig, 2009, S. 3)

Kulturhistorisch zeigt sich, dass immer wieder Lösungen für präzis beschriebene Probleme entwickelt worden sind, wie Passig z. B. anhand der Verbesserungen bei den Suchmaschinen im Netz nachweist. Das ist das stärkste Argument für Einwände: Sie sind Problembeschreibungen, die konstruktive Prozesse anschlussfähig machen. Verhinderungsdiskurse hingegen führen zu Wiederholungen immer gleicher Kommunikationsmuster, zu Verweigerung und Erschöpfung. Sie sind destruktiv.

Digitales Mainstreaming und »Kulturzugangsgeräte«

Wie Felix Stalder in seinem Grundlagenwerk *Die Kultur der Digitalität* (2016) nachgewiesen hat, hat sich der Gegensatz zwischen »alten« und »neuen« Medien in den letzten Jahren aufgelöst: Digitale Verfahren wie Remix, Algorithmisierung und Sharing sind auch offline selbstverständlich geworden. Diese Perspektive wird »post-digital« genannt, weil sie darauf hinweist, dass sich die Grenzen zwischen digitalen und nicht-digitalen Praktiken aufgelöst haben. Die praktische Umsetzung dieser Idee der postdigitalen Kultur besteht darin, dass zeitgenössischer Unterricht digitale Methoden und Medien nicht als Sonderfall betrachtet, den es speziell zu thematisieren oder zu tabuisieren gilt. Jöran Muuß-Merholz ordnet dieser Einsicht den Begriff »Digitales Mainstreaming« zu:

> Ich verstehe unter »Digitales Mainstreaming« die Idee, dass #digital nicht mehr als Sonderfall eines Bereichs gesehen wird, der von gesonderten Personen zu gesonderten Gelegenheiten behandelt wird. […] »Digitales Mainstreaming« würde bedeuten, dass »Irgendwas mit #digital« als Thema im Kontext von »Irgendwas«, nicht als Sonderfall »Digital« behandelt wird. Das gilt auch für den Unterricht. Hier wäre ein (nicht fiktives) Beispiel, dass es eine gesonderte Projektwoche gibt, in der jemand von außen in die Schule kommt, um fünf Tage lang das Thema »Recherche Online« zu behandeln.
> Mit »Digitales Mainstreaming« meine ich nicht, dass es solche Sonderfälle, Sonderorte, Sonderexperten nicht mehr geben soll. Vielmehr geht es um die *zusätzliche* Etablierung in der Breite. (Muuß-Merholz, 2016, o. S.)

Muuß-Merholz zeigt bei einigen Prüfungsbeispielen aus dem zentralen Mittleren Abschluss in Hamburg von 2016, wie das gehen könnte: Das Verfassen von E-Mails oder das Nachdenken über die Vor- und Nachteile eines freien, allgemeinen WLAN-Zugangs zeigen inhaltlich, wie selbstverständlich digitale Themen sind.

Methodisch-didaktisch ist der Schritt zu *Digitalem Mainstreaming* etwas größer. Umgesetzt würde das bedeuten, dass die Bearbeitung schulischer Aufgaben mit oder ohne Smartphone, Tablet oder Laptop erfolgen würde – die Lernenden gar selbst entscheiden könnten oder müssten, was dem Aufbau von Kompetenzen zuträglicher ist. Hier gibt es eine Reihe logistischer und diskursiver Hemmnisse, welche die Umsetzung dieses Ideals verhindern. Geht man von einer standardisierten Prüfung aus, so lässt sich schon die Frage nicht beantworten, wie echte digitale Arbeit (also mit Zugang zu Netz-Applikationen) mit Einzelarbeit vereinbar sein könnte. Gleichzeitig müssten alle Lernenden in Unterrichtsräumen arbeiten können, welche mit WLAN und Stromversorgung ausgestattet sind. Zudem dürften Kinder wohlhabender Eltern keinen Vorteil durch leistungsstärkere Geräte genießen.

All diese Schwierigkeiten harren der Lösung. Sie stellen jedoch keine Einwände gegen die in der Arbeitswelt bereits umgesetzte Vorstellung dar, dass es den Sonderfall »digital« nicht mehr geben soll und kann. Problemlösung erfolgt mit den besten verfügbaren Werkzeugen, unabhängig von ihrer Klassifikation.

Diese Einsicht lässt sich mit einem anderen Begriff verdeutlichen, den Lisa Rosa geprägt hat. Im Zusammenhang mit Smartphones und Tablets spricht sie von »Kulturzugangsgeräten«:

> [Dieses] Gerät [vereinigt nicht nur] alle anderen in sich – zugegeben sie dabei in ihrer Form und Bedeutung verändert, aber eben nicht vernichtet –: Es enthält auch Teile unseres Gehirns (wenn wir unser Gedächtnis dorthinein auslagern, was ich mit Freude tue), und durchs Teilen im Netz und das Netzwerken als Kommunikationsverfahren, sind wir mit diesem Gerät und den damit erreichbaren sozialen Medienformen, mit denen und in die hinein wir unser Denken erweitert haben, untrennbar verwoben mit anderen Teilnehmern der Netzwelten und deren Gehirnen. Alexander v. Humboldt musste überall hinreisen, um sich Informationen aus der Welt zu holen. Das hat ihn zu einem seine Kultur überragenden Menschen gemacht. Das Kulturzugangsgerät bringt alles zu mir. (Rosa, 2014, o. S.)

Es hilft, sich diese Perspektive doppelt vor Augen zu führen: Starrt eine Klasse in der Pause auf ihre Smartphones, dann nimmt sie an einer Kultur teil, die nach außen nicht sichtbar ist. Jugendkultur ist auch digital vermittelte Kultur, zu deren Teilhabe Smartphones verhelfen. Gleichzeitig öffnet sich das Fenster der mobilen Geräte auch hin zur einschlägigen Kultur Erwachsener, die ebenfalls in digitaler Form vorliegt. Von Musik über Filme bis zu Literatur – *Digitales Mainstreaming* ist in der Kulturproduktion und -vermittlung längst Alltag.

Entsprechend gelassen kann im Unterricht darauf reagiert werden, wenn Lernende ihre eigenen Kulturzugangsgeräte mitbringen. Ist das nicht eine Chance, Vielfalt und Problemlösestrategien im Unterricht einzusetzen?

Die zwiespältigen Cargo-Kulte

Cargo-Kulte verweisen auf eine religiöse Praxis indigener Völker auf melanesischen Pazifikinseln, die mit rituellen Handlungen Ahnen zu beschwören versuchten, sie mit westlichen Gütern zu beschenken. Die verschiedenen Kulte breiteten sich seit dem Ende des 19. Jahrhunderts aus, erreichten aber einen Höhepunkt, als während des Zweiten Weltkriegs US-amerikanische Truppen auf den Inseln stationiert waren. Die Kultausübenden imitierten dabei die beobachteten Handlungen der Militärangehörigen, indem sie Kopfhörer schnitzten, Landebahnen nachahmten oder Flugzeuge aus Stroh bauten – alles in der Hoffnung, damit den Abwurf westlicher Güter bewirken zu können.

In einem viel beachteten Vortrag auf der *Re:Publica* 2016 interpretierte Günther Dueck diese Cargo-Kulte aus der Perspektive der Digitalisierung. Seine metaphorische Verwendungsweise des Begriffs hat sich in der Wissenschafts- und Managementkritik bereits etabliert – und lässt sich auch problemlos auf die digitale Arbeit in der Schule anwenden. Duecks zentrale Analyse lautet wie folgt:

> Cargo-Kulte entstehen, wenn man beobachtete Rahmenbedingungen richtig steckt, aber das wesentlich Erhoffte nicht geschieht, weil etwas Zentrales nicht verstanden wurde. (Dueck, 2016, o. S.)

Für die Schule könnte man das am Beispiel eines missglückten Einsatzes von Wikis zeigen: Weil bei Wikipedia Wissensmanagement kollaborativ erfolgt, könnte die Cargo-Kult-Annahme lauten, dass die Verfügbarkeit von Wikis allein ausreicht, um Wissensaufbau in der Zusammenarbeit erfolgreich durchzuführen. (In der Fachliteratur, etwa bei Notari/Döbeli Honegger (2013), kann man nachlesen, wie die Kollaboration didaktisch professionell anzuleiten ist.)

Verallgemeinert kann man von einem Cargo-Kult sprechen, wenn Werkzeuge oder Technik zwar bereitgestellt werden, die didaktischen Settings aber nicht dazu geeignet sind, dass die gesteckten Ziele damit erreicht werden.

So scheitern viele digitale Projekte in Schulen daran, dass informelles Lernen, zu dem eine hohe Autonomie der Lernenden in Bezug auf Methoden, Kooperation, Darstellung und Zeiteinteilung erforderlich ist, ignoriert oder sogar explizit ausgeschlossen wird. Der Zwang zu einer (meist individuellen) Bewertung und zur kontrollierenden Begleitung durch Lehrkräfte verhindert so gerade die Effekte, welche für den Erfolg der Projekte unablässig wären. So stellt sich der Eindruck ein, herkömmliche Methoden seien besser geeignet.

Tabletklassen und andere Formen digitaler Arbeit an Schulen werden unter dieser Perspektive schnell zu Cargo-Kulten. Vergessen wird dabei aber eine andere Sichtweise auf die Verhaltensweisen der polynesischen Gläubigen (Lütkes/Klüter, 1995, S. 97): Ihre Kulte waren ein Reflex auf zwei grundlegende Annahmen. Erstens waren sie davon überzeugt, dass ein gleichberechtigtes Verhältnis zu anderen Menschen nur dann möglich ist, wenn Güter von gleicher Qualität ausgetauscht werden – sie brauchten also westliche Güter, um mit den GIs oder den im Rahmen von Kolonialisierungsbemühungen Zugezogenen in einen paritätischen Austausch treten zu können. Zweitens waren für sie Wohlstand, Wohlergehen und auch Veränderung übernatürlichen Ursprungs – so dass es absolut vernünftig war, einen Kult zu organisieren, ja dieser unter Umständen für Außenstehende unsichtbare positive Effekte hatte.

Spiegelt man nun diese Interpretation der Kulte zurück auf die digitale Praxis an Schulen, wird deutlich, dass sich die Interaktion zwischen Lehrenden und Lernenden möglicherweise auch dann verändert, wenn entscheidende Punkte übersehen werden. Auch Schulentwicklung kann sich in einem solchen Setting als sekundärer Effekt ergeben, der gar nicht intendiert war: Präsentiert sich eine Schule als innovativ, dann können auch fehlerhaft angelegte Projekte mit mangelhafter Wirkung dazu führen, dass Innovationen losgetreten werden.

Entscheidend dürfte die Einstellung sein: Dueck grenzt in seinem Vortrag das »Wollen Wollen« vom »Müssen Müssen« ab. Das ist entscheidend: Werden Schulen, Lehrkräfte oder Lernende gezwungen, digitale Werkzeuge in Kontexten einzusetzen, in denen sie das nicht möchten, kann im besten Fall ein wirkungsloser Cargo-Kult entstehen. Deswegen betont auch Döbeli Honegger als entscheidende Voraussetzungen für das Gelingen digitaler Bildung die drei W: Wille, Wissen und Werkzeuge. Das *Will-Skill-Tools-Modell* ist auch empirisch eine solide Prognose für die Frage, ob Lehrkräfte Neue

Medien erfolgreich im Unterricht einsetzen (Döbeli Honegger, 2016, S. 105 f.). Bezieht man das auf das Wiki-Beispiel, dann stellen das Bedürfnis nach einer Arbeit mit dem Werkzeug sowie die dazu nötigen Fertigkeiten und Werkzeuge die Grundlage für einen erfolgreichen Einsatz dar.

Medien und Deutschdidaktik

> Heute wird der Einbezug der »neuen« Medien in den Deutschunterricht kaum noch in Frage gestellt. [...] Seit längerer Zeit wird immer wieder darüber nachgedacht, die Deutschdidaktik prinzipiell neu auszurichten – zum Beispiel als »Medienkulturdidaktik«. (Hochstadt/Krafft/Olsen, 2013, S. 171)

Folgt man dieser Formulierung in der Deutschdidaktik von Hochstadt/Krafft/Olsen, so scheint die Selbstverständlichkeit des Digitalen den Deutschunterricht zu betreffen. Liest man aber ihr Kapitel zu den »Ansätze[n] im Kontext einer medialen Erweiterung« aufmerksam, so wird diese Einsicht sofort wieder unterlaufen: So stellt das Autorenteam zunächst die Frage nach dem Mehrwert digitaler Medien, die abschließend den Leserinnen und Lesern gestellt wird: »Ist das von Ihnen gewählte Medium unersetzbar?« (Hochstadt/Krafft/Olsen, 2013, S. 183) Gleichzeitig werden Filmanalyse sowie die Rezeption und Produktion von szenischen Interpretationen neben die digitalen Medien gestellt. Diese erscheinen so tatsächlich als eine mediale Erweiterung des Deutschunterrichts, als ein Zusatz zu dem, was curricular vorgeschrieben wird. Der Verweis auf die Methode des produktionsorientierten Deutschunterrichts (vgl. Haas/Menzel/Spinner, 1994), den Hochstadt/Krafft/Olsen mehrfach wiederholen, deutet an, dass hier nicht an grundlegende Kompetenzen, sondern an ein mögliches Zusatzangebot gedacht wird – so wichtig die produktive Aneignung gerade im digitalen Deutschunterricht auch ist. Mediendidaktik erscheint höchstens als drittes Standbein der Deutschdidaktik, wenn sie neben die Sprach- und Literaturdidaktik tritt. Versteht sich der Deutschunterricht aber primär als eine Hilfestellung im Umgang mit Sprache und Medien, dann muss zumindest das Primat der Literaturdidaktik infrage gestellt werden – Deutschdidaktik wäre dann Sprach- und Mediendidaktik, wobei Belletristik als ein Medium unter vielen verstanden würde (auch wenn sie durch ihre Tradition und Komplexität den Erwerb von vielen Kompetenzen gleichsam modellhaft zulässt).

Hier ist eine didaktische Entscheidung nötig: Entweder orientiert sich der Deutschunterricht an traditionellen Konzeptionen, so wie das die Didaktik von Hochstadt/Krafft/Olsen vorschlägt, oder sie löst den Anspruch ein, Medienkultur in den Mittelpunkt zu stellen (vgl. Staiger, 2007). Nur dann erhalten die Kontextualisierung der Sprache und ihr Wandel aufgrund ihrer medialen Verwendung echte Beachtung. Im Vorwort zu ihrem Band zu digitalen Medien im Deutschunterricht sprechen sich Frederking/Krommer/Möbius für diese Position aus:

> Die Mediensozialisation heutiger Heranwachsender ist in einem Maße durch die digitalen Medien geprägt [...], dass weder Deutschdidaktik noch Deutschunterricht diesen Sachverhalt (länger) ignorieren können bzw. dürfen. Hinzu kommt der fundamentale Wandel, dem auch die fachlichen Gegenstände des Faches Deutsch – Sprache und Literatur – unterliegen. [...] Bewusstmachung, Reflexion und Verarbeitung dieses medial bedingten sprachlichen und literalen Wandels bilden zentrale Aufgaben der Deutschdidaktik und des Deutschunterrichts im Zeichen der Digitalisierung. (Frederking/Krommer/Möbius, 2014, S. XI)

Der von Frederking vorgeschlagene Begriff der *Symmedialität* kann in Abgrenzung zum ästhetischen Begriff der *Intermedialität* und dem technischen der *Medienkonvergenz* die spezifische Leistung digitaler Darstellung von Medien präziser erfassen und zum Ausdruck bringen, dass unterschiedliche Medien ihre Effekte nicht addieren, sondern in der Verschmelzung einen Zusatznutzen entfalten – man spricht von *Emergenz*. Werden Medien mit- und nebeneinander verwendet, so reiben sie sich aneinander, können aber auch verschmelzen.

An dieser Vorstellung soll sich digitaler Deutschunterricht ausrichten. Es reicht nicht, medienintegrativ zu verfahren, wie das Wermke (1997) vorgeschlagen hat, indem – wie das auch bei Hochstadt/Krafft/Olsen ausgeführt ist – sogenannte neue Medien wie Film, Theater oder Social Media den Gegenstandsbereich des Deutschunterrichts erweitern. Vielmehr geht es darum, das Potenzial digitaler Medien umfassend einzubringen: als Arbeitswerkzeug, als Reflexionsraum und -gegenstand, als Thema, als Didaktik (viele Games und

Programme weisen eine »immanente Didaktik« auf, vgl. dazu Hofer/Bauer, 2014, S. 411).

Eine kritische Diskussion der Position Abrahams kann deutlich machen, welche Verschiebungen diese Ausrichtung mit sich bringt:

> Insgesamt müssen die elektronischen Medien durch begleitete und reflektierte Nutzung im und für den Unterricht so einbezogen werden, dass neben den fachspezifischen Zielen (»Stoff«) immer auch die Medien der Recherche, Informationsverarbeitung, Präsentation und begleitenden Kommunikation zum Thema werden. Und neben solchen pragmatischen Zielperspektiven sollte es auch solche einer ästhetischen Erziehung geben […], die auch die Möglichkeiten digitalen Schreibens und Gestaltens einbezieht. (Abraham, 2014, S. 284)

Das Primat des »Stoffes«, der allenfalls Medienkompetenz neben sich zulässt, fällt durch die Veränderungen der Digitalisierung. Der Stoff tritt neben das digitale Lernen, welches in den Vordergrund tritt. Wer in der Lage ist, eigene Lernprozesse digital zu dokumentieren, sich mit Lernenden und Fachleuten zu vernetzen, Fragen zu stellen und zu beantworten, Inhalte digital aufzubereiten und zu dekodieren, kann letztlich den Stoff selbstorientiert bewältigen, sich den Stoff gar selbst geben. Digitale Medien stehen im Zentrum des Deutschunterrichts, sie sind es, worum es geht. Sie sind weder ein Behelf zur Motivation von Lernenden – welche sich nur deshalb einstellt, weil digitale Medien vielfältige Lernprozesse aktivieren, noch sind sie eine Ergänzung zum vorgeschriebenen Stoff oder eine unterhaltsame Umsetzung harten Wissens. Sie sind der Zugang zum Wissen, zu beruflicher Kompetenz, zur Selbstreflexion – zumindest wenn sie im Sinne der hier präsentierten Vorstellung von Deutschunterricht verstanden werden.

Zu diesem Buch

Ist in diesem Buch in einem ganz allgemeinen Sinn die Rede von Deutschunterricht, so beziehen sich viele der Ausführungen auf Schülerinnen und Schüler, die sich selbstständig in digitalen Räumen bewegen, also während oder nach der Pubertät die Schule besuchen. Die Erfahrungen des Autors beziehen sich hauptsächlich auf den gymnasialen Unterricht, was sich in den Voraussetzungen und Annahmen zum Unterrichtsablauf oft zeigt. Einige der im letzten Teil vorgestellten Ideen wurden schon publiziert – Hinweise auf ausführlichere Arbeiten dazu sind in den Text eingefügt. Unmarkierte Übernahmen von Textpassagen des Autors sind beabsichtigt, sie dienen dazu, eine Zusammenstellung von Unterrichtsideen in diesem Band greifbar zu machen. Letztlich ist das Buch eine formale Zusammenstellung informell geäußerter Ideen – viele von ihnen wurden in Blogposts, in Twittergesprächen oder auf Tagungen schon geäußert. Das Buch richtet sich in diesem Sinne auch nicht an ein digital affines Publikum, sondern an Deutschlehrerinnen und -lehrer, die ihren Horizont erweitern möchten und sich von der Faszination der digitalen Arbeit anstecken lassen.

Der Arbeitsprozess an diesem Buch erfolgte in der persönlichen Lernumgebung des Autors: Wichtige Anstöße, viele Ideen und wertvolles Feedback entstanden in einem Netzwerk aus digitalen Kontakten und in der Zusammenarbeit mit anderen an digitaler Bildung Interessierten. Ihnen allen gebührt wie Dinu Gaultier für das Korrektorat großer Dank.

2. Grundlagen digitaler Arbeit im Deutschunterricht

> Kommunikationsmittel werden erst dann sozial interessant,
> wenn sie technisch langweilig werden.
> *Clay Shirky (zitiert nach Stalder, 2016, S. 20)*

Ein wiederkehrendes Problem bei der Arbeit an Texten wie diesem besteht in der Frage, wie auf digitale Texte verwiesen werden soll. Die Angabe der URL ist der Standard. Doch das Internet ist keine Bibliothek (vgl. Passig, 2016): URLs ändern sich und können anders als Signaturen nicht leicht von einem gedruckten Text in digitale Arbeitsumgebungen übertragen werden. Kurzlinks – wie sie Beat Döbeli Honegger (2016) einsetzt – machen die Quellen unsichtbar, die in den URLs teilweise noch erkennbar sind, ermöglichen aber eine Aktualisierung der Linklisten auf einer speziellen Webseite. Nur: Diese Online-Quellensammlung müsste aufwendig gepflegt werden, was Autorinnen und Autoren von Sachbüchern eher selten machen. Als Lösung bietet sich das Vorgehen von Felix Stalder an, der in seiner ersten Fußnote schreibt: »Anstatt lange Adressen abzutippen, ist es oftmals zielführender, den Titel eines Dokuments in eine Suchmaschine einzugeben.« (Stalder, 2016, S. 8)

Wenn hier die Vorgaben des Verlags beachtet werden und im Literaturverzeichnis lange URLs zu finden sind, dann bedeutet das letztlich nur, dass Autor und Verlag nicht gewillt waren, von den Lesenden aus zu denken. *User-centered design* oder auch die Überlegungen zum Stichwort der Filterkompetenz geben letztlich den Benutzerinnen und Benutzern Möglichkeiten an die Hand, mit Informationen ihren Bedürfnissen gemäß umzugehen. In der medialen Praxis

Jugendlicher zeigt sich diese Norm darin, dass Telefonieren deshalb verpönt ist, weil es das Gegenüber zu einem bestimmten Zeitpunkt zu einer Tätigkeit zwingt. Das Versenden einer Sprachnachricht hingegen erhöht seine Freiheit und gibt ihm die Kompetenz, Filter anzuwenden (es kann die Nachricht später hören, nur zu einem Teil hören, direkt löschen etc.).

Der Umgang mit Quellen gehört wie die Suche nach Informationen zu den Kernaufgaben des Deutschunterrichts. Diese Aufgabe hat sich – so zeigen diese einführenden Überlegungen – gewandelt. Im Umgang mit Texten gibt es Ansätze zur Filterkompetenz: E-Book-Reader etwa erlauben Lesenden, Schriftart und -größe selbst zu wählen. Browser-Plugins ermöglichen gar, gerechte Sprache wahlweise ein- oder auszublenden: Doppelformen wie »Schülerinnen und Schüler« würden dann beispielsweise automatisch durch das generische Maskulinum »Schüler« ersetzt. Denkbar wäre, die Quellenangaben bei Büchern als Leserin oder Leser künftig selbst einstellen zu können – Texte können generell »zoombar« werden, wie das für den Online-Journalismus von David Bauer (2012) schon konzipiert worden ist.

Solche Veränderungen bei der Produktion und Rezeption von Texten, wie sie anhand dieses einfachen Beispiels erkennbar werden, betreffen den Deutschunterricht. Erstens, weil er sich mit sprachlichen Prozessen auseinandersetzt und sie auch in ihrer Wandelbarkeit verständlich machen soll. Zweitens, weil er Lernende zu wirkungsvollem sprachlichem Handeln befähigt, das nur in diesen Kontexten erfolgen kann. Und drittens sind die Produktion und Rezeption von Texten sein zentraler Lerngegenstand.

Es wird deutlich: Die Ausgangslage für Deutschunterricht hat sich durch die Digitalisierung geändert. Das ist kein neuer Prozess, er läuft schon seit Jahrzehnten. Die folgenden Abschnitte beschreiben dieses veränderte Verständnis der Arbeit im Fach Deutsch konzeptionell, indem sie Rahmenbedingungen abstecken und Ideale formulieren: in Bezug auf Räume, Technik, Bewertungen, rechtliche Vorgaben. Gleichzeitig wird aber auch eine Vorstellung von Didaktik präsentiert, aus der sich zwölf Gütekriterien für digitalen Deutschunterricht ableiten lassen. Sie sind die Grundlage für die Unterrichtsvorschläge im dritten Teil dieses Buches. Dort werden Aspekte vertieft, die in diesem Kapitel aus Gründen der Redundanzvermeidung nicht ausgeführt werden: So wird etwa die Befürchtung, die Chat-Sprache erschwere den Aufbau von sprachlichen Kompetenzen (sie ist unbegründet), oder die zunehmende maschinelle Verarbeitung von Sprache thematisiert. Letztlich ist das Ziel der Reise, auf welche die Digitalisierung die Sprache und damit den Deutschunterricht geschickt hat, nicht absehbar – insofern sind die folgenden Ausführungen als Zwischenstand zu lesen.

Technische und räumliche Voraussetzungen

Sie werden im gesamten Buch das Fehlen technischer Anleitungen feststellen. Das ist kein Lapsus des Autors, sondern didaktische Absicht: Wer digitalen Deutschunterricht abhalten will, wird zusammen mit Schulleitungen, Kolleginnen und Kollegen sowie Lernenden Lösungen finden, die den Gegebenheiten und Möglichkeiten entsprechen. Diesbezüglich gibt es massive Unterschiede zwischen Schulen, so dass jeder Vorschlag für eine Norm schlicht auf die Realität prallen würde.

Gleichwohl lässt sich einiges dazu sagen, wie technische Probleme gelöst werden können: Der BYOD-Ansatz, bei dem Lernende über persönliche Geräte für private und schulische Nutzung verfügen, ist deshalb überzeugend, weil sie dann auch für technische Lösungen in die Verantwortung genommen werden. Das ist letztlich die Konsequenz aus der oben erwähnten didaktischen Absicht: Lehrkräfte sollen in Bezug auf die Technik so viel wie möglich an die Lernenden abgeben. Diese entwickeln Kompetenzen dann, wenn sie nicht davon ausgehen können, dass allwissende Helfende bei ihren Geräten jede Einstellung vornehmen können.

Dieser Ansatz geht letztlich so weit, dass selbst Filmprojekte ohne Anleitung und ohne technische Infrastruktur durchgeführt werden. Es ist bei fast allen Klassen davon auszugehen, dass das nötige Material und die erforderliche Software nicht nur vorhanden sind, sondern problemlos in Betrieb genommen werden können. Im digitalen Deutschunterricht muss es möglich sein, die Lektüre von E-Books, den Zugriff auf Netztexte sowie auch das Installieren von spezifischen Programmen auf diesen persönlichen Geräten zu verlangen, damit Lernvoraussetzungen gegeben sind. Die Lernmaterialien müssen analog zu Büchern beschafft werden, damit wirkungsvoller Unterricht möglich ist. Ideal sind offene Umgebungen, die auch die Installation von Programmen und Plugins erlauben.

Wird davon ausgegangen, dass Lernende für ihre persönlichen Geräte selbst zuständig sind, wirft das einerseits die schulpolitische Frage der Finanzierung auf, die nicht bei allen Schultypen und nicht in allen Ländern gleich gehandhabt wird. Deshalb wird sie hier ausgespart. Andererseits entlastet das Schulen nicht nur: Anschlüsse für die Stromversorgung sowie ein leistungsfähiges WLAN sind kostspielige Anforderungen, ohne welche der Einsatz persönlicher Geräte zunehmend schwierig wird. Die meisten Programme sind »always on«, verlangen also konstanten Zugriff auf das Internet; die wenigsten Akkus erlauben intensive Arbeit während eines ganzen Arbeitstages.

Das ist aber der einfachste Teil der räumlich-technischen Umsetzung digitalen Deutschunterrichts. Entscheidender ist in einem zweiten Schritt die Möglichkeit, echte Zusammenarbeit und informelles Lernen zuzulassen und mit anderen Unterrichtsformen zu verknüpfen. Das heißt, dass parallele Arbeitsformen innerhalb von Klassen möglich sein müssen, eventuell wird sich der Klassenverband überhaupt auflösen. Die digitale Kommunikation bringt – anders als die technischen Voraussetzungen erahnen lassen könnten – nicht weniger, sondern mehr räumliche Flexibilität, wenn man an die Zukunft denkt. Lernen im Quartier, in der Natur, Zusammenarbeit von zuhause aus, selektiver Schulbesuch bei digitaler Verbindlichkeit: All das ist denkbar, wenn Lernende über das Netz miteinander und mit ihren Lehrkräften verbunden sind. Digitales Lernen ist nicht raumgebunden. Das hat Konsequenzen für die Logistik des Unterrichts, die stark an der Vorstellung formalen Präsenzlernens orientiert ist und wenig Erfahrung mit informellen Lernarrangements hat. Digitaler Deutschunterricht schafft Räume und Gelegenheiten für Lernen von verschiedenen Orten aus – z. B. indem sich Klassen in geeigneten Chats austauschen und Rückmeldungen erhalten, wenn sie digitale Lernaktivitäten betreiben.

Kurzfristig müssen Lernumgebungen demokratischer und unter Einbezug der Lernenden gestaltet werden. Es ist nicht davon auszugehen, dass eine Person vorträgt, während die Zuhörenden halb passiv zuhören und mitschreiben. Die Einsicht, dass Frontalunterricht nur in wenigen didaktischen Settings Lerneffekte hervorruft, ist Lehrkräften zwar vertraut, räumlich umgesetzt ist sie jedoch kaum. Die Umsetzung dieser Einsicht hat auch eine technische Seite: So kontrolliert heute in der Regel eine Person die Projektion. Ein demokratischer Beamer ist für digitalen Deutschunterricht wünschenswert: Alle Lernenden können gleichermaßen darauf zugreifen, um ihre Lernprodukte der Klasse vorzustellen. Er ersetzt dann mit den entsprechenden Programmen jedes interaktive Whiteboard.

Ganz allgemein geht es bei der technischen und räumlichen Gestaltung des digitalen Deutschunterrichts um eine Umsetzung der folgenden Ausführungen zu einer situativen Didaktik, also darum, abhängig vom Lernprozess Möglichkeiten zu seiner Unterstützung zur Verfügung zu haben. Diese Flexibilität wird erreicht, wenn die Lernenden Verantwortung übernehmen können und müssen.

Agile Deutschdidaktik

Die Vorstellung einer agilen Didaktik steht im Kontrast zu einer Didaktik der Planung. Wer agile Didaktik betreibt, bereitet sich als Lehrperson auf Unterrichtssituationen vor, die flexible Entscheidungen benötigen – während die Plandidaktik diese Entscheidungen selbst zum Gegenstand der Vorbereitung macht.

Die agile Didaktik, so zeigt Christof Arn in seinem Buch (2016), modelliert den Unterricht an einem Gespräch zwischen interessierten erwachsenen Laien und einer Fachperson: Die Interessen und Bedürfnisse der Zuhörenden, also ihre Fragen und Inputs, strukturieren den Verlauf des Gesprächs, Visualisierungen werden beigezogen, wenn das hilfreich ist, auch (Gedanken-)Experimente, das Erzählen von Geschichten und das Einfügen von Beispielen ergeben sich aus der Gesprächssituation.

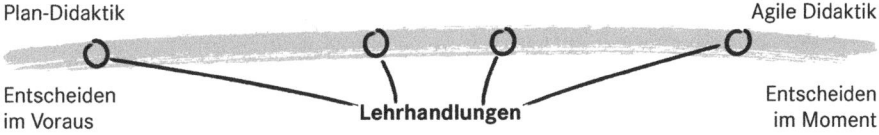

Abb. 4: Das Kontinuum zwischen agiler Didaktik und Plandidaktik nach Arn (2016), S. 22

Diese Art der »Türklinkendidaktik« (Meyer, 2001) erhöht den Freiheitsgrad von Lernenden und Lehrenden, weil sie sich vom Stoff und den Inhalten löst und sich dem Lernprozess zuwendet. Den Lernenden wird zugetraut, in geeigneten Wissensspeichern die Wissensaneignung autonom zu betreiben (Arn nennt als Beispiele dafür etwa Wikis, Linksammlungen oder Skripte). Der *flipped classroom* wird ohne spezifisches technisches Setup zur Selbstverständlichkeit, weil die Instruktion aus dem Unterricht ausgelagert werden kann. In den Mittelpunkt rücken dann Interaktion, Fragen und Diskussion unter Teilnehmenden, die Bearbeitung des Wissens im Rahmen einer Orientierung an situativen Kompetenzen, also Lernzielen, die darauf abzielen, praktische Probleme zu lösen.

Arn betont, wie geeignet dieses didaktische Modell für die Arbeit mit dem Internet »als Leitmedium« ist (2016, S. 44):

> Lehrende müssen und dürfen daher davon ausgehen, dass Lernende sich eigene Wissensquellen erschließen. Denkt man das konsequent, […] braucht man sich lediglich noch darüber zu verständigen, in welches Thema, welches Wissen, welche Inhalte sich die Lernenden bis zum nächsten Treffen vertiefen – und kann sie dann sich selbst überlassen. Dies gilt umsomehr, als eine zweite wichtige und grundlegende Veränderung mit dem neuen Leitmedium die Möglichkeit maßgeschneiderter Verständigung in allen Formen und Größen von offenen oder geschlossenen Gruppen darstellt. Lernende können also Probleme bei der Wissensbeschaffung und -aneignung, die sie nicht selbst lösen können, gemeinsam anpacken, ohne sich treffen zu müssen, ja oft sogar, ohne gleichzeitig miteinander kommunizieren zu müssen. Diese Entwicklung wird in noch radikalerer Weise geradezu verlangen, dass Dozierende kaum mehr legitimerweise irgendwelche vorgefertigten Zeitpläne im Präsenzunterricht abspulen können. Vielmehr werden sie sogar zwischen den Präsenztreffen »performen« [d. h. agile Didaktik betreiben, P. W.], auf diversen elektronischen Kanälen wahrnehmen, was die Studierenden gerade tun, und […] prozessmoderierend kreativ[es] Lernen unterstützen. (Arn, 2016, S. 78)

Die Vorstellung einer agilen Didaktik bedarf der Unterstützung durch Methoden, die Interaktivität und Vernetzung in Lerngruppen zulassen. Diese Möglichkeiten entstehen in der digitalen Arbeit in herausragendem Maße. Arn zitiert eine E-Mail, mit der er Lernende vor einer Weiterbildungsveranstaltung zur Vorbereitung auffordert (2016, S. 70 f.). Auch während Lehrveranstaltungen schlägt er Interaktionsmöglichkeiten wie »Peppermint-Paper« vor, die Lehrenden einen Aufschluss über den Stand der Lernprozesse geben: »Notieren Sie in die obere Hälfte, welches die für Sie wichtigste Erkenntnis war; in die untere Hälfte, welches Ihre wichtigste noch offene Frage bzw. der für Sie unklarste Punkt ist.« (Arn, 2016, S. 170)

Die Basis für eine agile Didaktik ist also ein permanenter Austausch zwischen Lehrenden und Lernenden, der mit digitalen Mitteln vereinfacht und intensiviert werden kann. Schreiben Mitglieder einer Klasse die Peppermint-Paper direkt in eine Chatgruppe oder in ein kollaboratives Dokument, dann können sich auch die anderen Lernenden ein Bild vom Gruppenprozess machen. Didaktische Entscheidungen, die oft auch von einer Klasse selbst getroffen werden, erhalten eine sinnvolle und mit wenig Aufwand verbundene Datengrundlage.

Die Bedeutung der agilen Didaktik für einen digitalen Deutschunterricht ist also eine dreifache: *Erstens* handelt es sich dabei um ein geeignetes Modell, um auf die vereinfachte Zugänglichkeit von Informationen im Netz mit sinnvollen Unterrichtsangeboten zu reagieren. Weil nicht absehbar ist, wie die Wissensaufnahme individuell abgelaufen ist, legt der Unterricht den Akzent auf die Präsenz im Unterricht, den Austausch zwischen Lernenden. *Zweitens* bietet die agile Didaktik ein Modell an, mit dem digitale Arbeit sinnvoll begleitet werden kann. Werden nur vorgeplante Schritte abgearbeitet, so führt die Didaktik dazu, dass emergentes und informelles Lernen erschwert und versteckt werden. *Drittens* hat die agile Didaktik einen großen Wert, weil sie authentisches, situationsbezogenes Lernen in den Mittelpunkt stellt und verhindert, dass Schule als ein Ritual gespielt wird, das viele Ressourcen beansprucht. Ihr Einsatz wird durch die digitale Arbeit erleichtert. Leitmedienwechsel und Einsicht in die Bedeutung der agilen Didaktik ergänzen einander in all diesen Aspekten.

Zwölf Merkmale guten digitalen Deutschunterrichts

In seiner Deutschdidaktik *Deutsch unterrichten* (2010/2015, S. 14 ff.) hat Tilman von Brand zehn Merkmale für guten Deutschunterricht festgehalten. Er orientiert sich dabei an Vorarbeiten, welche zumindest die ersten neun Merkmale auch empirisch untersucht haben. Zu nennen ist insbesondere die bekannte Aufstellung von Meyer (2004). Von Brands Liste stellt eine sinnvolle Ausgangslage dar, um zu klären, inwiefern der konstruktive Umgang mit den Möglichkeiten digitaler Werkzeuge und Literatur – nichts anderes ist mit der

Verkürzung »digitaler Deutschunterricht« gemeint – Zielvorstellungen verändert. Entsprechend werden von Brands Merkmale als Vorgaben angesehen, die in Bezug auf digitale sprachliche Arbeitsumgebungen umformuliert und durch zwei zusätzliche Punkte erweitert werden.

Wie bei vielen solchen Listen handelt es sich weitgehend um Selbstverständlichkeiten, wie ein einfacher Test zeigt:[1] Nur wenn die Formulierung des Gegenteils eine Position ist, die Lehrkräfte ernsthaft vertreten würden, kann eine Argumentation einen strittigen Punkt klären. So würde sich z. B. niemand dafür einsetzen, guter Unterricht sei unstrukturiert. Gleichwohl kann der Hinweis auf die nötige Struktur einen Aufschluss darüber geben, wie dieses Ziel erreicht werden kann und wie es sich insbesondere in einem digitalen Setting verändert.

1. Klare Strukturierung

»Ziele, Inhalte und Methoden sind klar aufeinander abgestimmt«, ist hier die Schlüsselformulierung (von Brand, 2010/2015, S. 14). Diese Abstimmung erfolgt für Lernende transparent und an Regeln orientiert. Diese Transparenz lässt sich digital leicht herstellen: Man denke an Peer-Feedback bei der Textproduktion oder der Sammlung von Lernmaterialien in einem Lernmanagementsystem wie *Moodle:* Die Möglichkeit, zeit- und ortsunabhängig Prozesse beobachten und Inhalte bearbeiten zu können, erleichtert die Abstimmung von Unterrichtselementen zwar, erfordert aber auch zusätzlichen Aufwand für die Strukturierung der digitalen Kommunikation: Sie bedarf konstanter Updates und Pflege, weil Interaktionen im Sinne der agilen Didaktik in den Mittelpunkt treten. Auch die Erweiterung der Handlungsmöglichkeiten durch digitale Methoden erhöht die Komplexität der Koordination und der didaktischen Reduktion, um Zusammenhänge für alle sichtbar und erkennbar zu machen. Arbeiten Lernende etwa projektorientiert in eigenständigen Blogs, so muss die Lektüre der Blogs und die Auswertung der Ergebnisse bewusst strukturiert werden. Zudem sind digitale Arbeitsmethoden oft eine Option neben anderen analogen, wenn z. B. ein Lektürejournal als Blog oder als Serie von handschriftlichen Hefteinträgen erfolgen kann. Auch hier ist Strukturie-

---

1 Er geht auf einen Input von Axel Krommer im persönlichen Gespräch zurück.

rung entscheidend, um zu vermitteln, dass mit diesen Methoden ähnliche Ziele bearbeitet und vergleichbare Kompetenzen erworben werden.

Inhalte hingegen werden durch den digitalen Zugriff offener: Lernende greifen direkt auf die Fülle an Informationen im Netz zu. Hier bedeutet Strukturierung auch, Qualitätsmerkmale sowie Such-, Reduktions- und Filterstrategien zu vermitteln, welche die inhaltliche Arbeit effizient werden lassen.

> Guter digitaler Deutschunterricht führt Lernenden Ziele vor Augen, die sie mit einer breiten Palette an Methoden erreichen können. Arbeitsprozesse sind sozial aufeinander abgestimmt und beziehen sich auf Inhalte, für deren kompetenzbezogene Bearbeitung Reduktionsstrategien angeboten werden.

2. Effiziente Zeitnutzung

Lehrkräfte, die schon vor der Verbreitung von Internetzugängen unterrichtet haben, wundern sich zuweilen, warum ihr Aufwand nicht kleiner, sondern größer geworden ist in den letzten Jahrzehnten. Es scheint, als könne die Produktivität all der Werkzeuge, die unsere Arbeit erleichtern sollten, nicht genutzt werden. Dieselbe Gefahr besteht für den Unterricht: Große Teile von Lektionen werden damit verbracht, Geräte zum Laufen zu bringen, Verbindungen herzustellen, vergessene Passwörter zu rekonstruieren. Ein Prüfstein für sinnvolle digitale Arbeit ist denn auch die Zeitnutzung: Verhindert oder erschwert sie das Erreichen von Unterrichtszielen in den vorgegebenen Zeiteinheiten, so ist ihr Einbezug wenig konstruktiv und gutem Deutschunterricht nicht zuträglich.

Dabei darf allerdings nicht vergessen werden, dass Rituale sich erst nach einer Gewöhnungsphase entwickeln. So darf ein Blogprojekt anfangs mit Ineffizienz und Frustration verbunden sein, wenn sich dadurch eine Routine entwickelt, die Lernenden oder Lehrenden andere Abläufe später vereinfacht. Die Investition in die häufig mit der digitalen Arbeit verbundene Selbstorientierung lohnt sich in didaktischer Hinsicht, wenn Lernende gleichzeitig mehr Verantwortung für ihren Kompetenzaufbau übernehmen und damit langfristig davon profitieren. Zu denken ist etwa an das Erfassen von Notizen mit einem Tool wie *Evernote* – das mag anfangs einen höheren Aufwand erfordern, als ihn Hefteinträge verursachen würden, führt aber zu einem nachhaltigen Wissensmanagement, das schulische Inhalte längerfristig in die persönliche Lernumgebung von Lernenden integriert.

> Die digitale Arbeit führt im Idealfall zu selbstverantwortetem und selbstorganisiertem Lernen, das zu Beginn weniger effizient scheint als dasjenige mit traditionellen Methoden, langfristig aber zu einem nachhaltigen Aufbau von Kompetenzen führt. Führen hingegen digitale Methoden nur zu Zeitverlusten und Frustration, sind sie im Rahmen einer effizienten Zeitnutzung nicht vertretbar.

3. Lernförderliches Klima

Spricht man mit Klassen über die verbreiteten Klassenchats auf WhatsApp, so zeigt sich die Bedeutung des Klimas schnell. Generell geht es um zentrale Balancen zwischen Unterhaltung und ernsthaftem Austausch, zwischen dem Stellen von Fragen und ihrer Beantwortung, zwischen den Aktivitäten der einzelnen Lerngruppen und Lernenden. Von Brand spricht von der Bedeutung der »Verantwortung für das Gelingen des Unterrichts« (2010/2015, S. 17): Das lässt sich auf den Einbezug digitaler Kommunikation problemlos übertragen. Als Kommunikation ist sie wie alle Klassenkommunikation anfällig für problematische Prozesse: Ausschlüsse, Mobbing oder Respektlosigkeit resultieren weitgehend aus dem Klassenklima.

Neue Medien wirken dabei oft als Katalysator, sie intensivieren soziale Beziehungen und können so Probleme verstärken. Zudem öffnen sie das Klassenzimmer: Die Chats begleiten Schülerinnen und Schüler auch in der unterrichtsfreien Zeit. Sie prägen so das Klassenklima automatisch. Auch an Schulen, die Smartphones verbieten, tauschen sich Kinder und Jugendliche digital aus, wissen um die Online-Präsenz anderer und sind in ihren Interaktionen davon beeinflusst. Auf die Atmosphäre zu achten, Respekt einzufordern, Gerechtigkeit walten zu lassen, um drei Aspekte zu nennen, die von Brand erwähnt (S. 17), hat heute auch eine Online-Dimension. Lehrkräfte müssen sich damit auseinandersetzen, wie Lernende miteinander kommunizieren.

> Die Kollaboration im digitalen Deutschunterricht stellt hohe Anforderungen an das Klassenklima. Es gewinnt durch die Digitalisierung an Bedeutung.

4. Inhaltliche Klarheit

Für Schülerinnen und Schüler sollte Erarbeitetes auch sprachlich nachvollziehbar sein und eine didaktisch legitimierte Reduktion der Lehrmeinung darstellen. Digitale Kommunikation erhöht auch für diesen Qualitätsanspruch die Komplexität:

Erstens, indem neben sprachliche Formulierungen visuelle Ausdrucksformen als gleichwertige Kommunikationsmittel treten, wie die Beliebtheit von Snapchat und Instagram eindrücklich vorführen. Was inhaltliche Klarheit im visuellen Bereich bedeuten könnte und müsste, ist nicht intuitiv klar – Stilvorstellungen entwickeln sich in der Jugendkultur und in der ästhetischen Praxis ganz unabhängig von den Domänen des Deutschunterrichts, der dennoch davon betroffen ist. Reine Sprachlichkeit ist in der Bearbeitung digitaler Literatur wie auch beim Einsatz digitaler Kommunikationsmittel nicht einzufordern.

Zweitens sind soziale Netzwerke ein Raum, in dem Inhalte unabhängig von ihrem Wahrheitsgehalt ausgetauscht werden. Erfundene Geschichten werden in verschiedenen Variationen als wahre Anekdoten verkauft. Die Struktur der Plattformen, Akteure aus der Unterhaltungsindustrie und psychologische Faktoren führen zu einer Konjunktur des *Bullshits,* den Harry Frankfurt als eine Aussage definiert hat, deren Absenderin oder Absender gleichgültig gegenüber der Wirklichkeit ist (Frankfurt, 2006). Es geht vielmehr darum, mit Inhalten Aufmerksamkeit zu erregen. Diese Aufmerksamkeitsökonomie verändert den Umgang mit Inhalten. Er gehorcht zunehmend dem Gesetz des *Confirmation Bias:* Was eigene Haltungen bestätigt, wird wahrgenommen und verbreitet, was sie infrage stellt, ignoriert oder bezweifelt.

> Digitale Methoden machen Lernergebnisse transparent, geben Lernenden aber auch Werkzeuge an die Hand, um sich in symmedialen Kontexten einer verwirrenden Aufmerksamkeitsökonomie orientieren zu können.

5. Variierende Methoden und Sozialformen

Die Idee des methodischen Mixes ist es gerade, welche die Vielzahl an digitalen Arbeitsformen für den Deutschunterricht ansprechend macht. Allerdings sollen auch diese immer wieder gewechselt, gebrochen, ergänzt werden, um verschiedenen Lerntypen, Inhalten und Kompetenzen gerecht zu werden. Das gilt ebenfalls für die Sozialformen, die sich mit der Öffnung des Web 2.0 erweitert haben: Es ist denkbar, halböffentlich oder öffentlich zu arbeiten – was im analogen Deutschunterricht eine sehr seltene Ausnahme gewesen ist, wenn etwa ein Leserbrief oder ein Zeitungsartikel publiziert wurde.

> Die Arbeit mit Social Media und kollaborativen Werkzeugen im Netz erweitert die Palette an Methoden und Sozialformen im Deutschunterricht. Variation ist dabei entscheidend.

6. Schülerorientierung

Die Forderung, Unterricht von den Lernenden aus zu denken und ihnen damit Verantwortung für ihr Lernen und einen individuellen Zugang zu Unterrichtsinhalten zu ermöglichen, kann geradezu ideal mit digitaler Arbeit erfüllt werden. Die digitale Arbeit mit einer persönlichen Lernumgebung (ausführliche Informationen dazu gibt es im Praxisteil) zeigt deutlich, wie Lernende ihre Bezugspersonen über die Klasse und Schule hinaus selbst wählen können, wenn sie digitale Plattformen für ihre fachliche Arbeit verwenden. Die digitale Arbeit ist die Konsequenz aus der Schülerorientierung, weil sie auch Werkzeuge beansprucht, welche Jugendliche für die Pflege ihrer sozialen Beziehungen verwenden. Dem Einwand, Schülerorientierung führe hier zu einem anbiedernden Versuch, Jugendphänomene für temporäre Effekte im Unterricht einzusetzen, ist zu widersprechen: Vielmehr geht es darum, die Mediennutzung von Kindern und Jugendlichen ernst zu nehmen, sie als Kommunikationspartnerinnen und -partner zu verstehen, ihnen zuzuhören. Nur so kann letztlich die große mediale Kluft zwischen den Generationen überwunden werden. Nur das führt zu einer echten Mitbestimmung der Lernenden, wie sie auch von Brand »in angemessenem Rahmen« (2010/2015, S. 19) einfordert.

Digitale Medien schaffen mehr Raum für die Individualisierung und Mit- oder Selbstbestimmung: Die Schülerorientierung ist ein wesentlicher Grund für ihre Bedeutung, weil sie einen Dialog ohne Machtgefälle ermöglicht, ein Zuhören in Medien, welche die Bedürfnisse Jugendlicher aufnehmen.

7. Intelligentes Üben

Von Brand streicht unter diesem Punkt die Passung der Hausaufgaben zum Lerngegenstand heraus und geht somit implizit davon aus, Übungsprozesse seien zu einem großen Teil eine Arbeit, die Lernende zuhause erledigen. Die digitale Möglichkeit des *Flipped Classrooms*, also die Vorstellung, im Unterricht werde geübt und kollaboriert, während die Wissensaneignung individuell erfolge, kehrt diese Annahme um. Damit tritt selbstverständlich kein Widerspruch zur Forderung auf, Übungsphasen müssten intelligent angelegt sein. Vielmehr stehen diese Phasen stärker im Mittelpunkt des Unterrichts. Digitale Möglichkeiten erweitern das Repertoire dafür, wenn sie sich nicht in einfach umzusetzenden Multiple-Choice-Aufgaben erschöpfen (vgl. Punkt 10). Vielmehr soll gerade die gesteigerte Möglichkeit, Feedback zu geben und kollaborieren zu können, die Idee also, dass Lernende die Lernprozesse ihrer Peers verbessern, Ausgangspunkt von Übungssequenzen sein.

> Weil im digitalen Deutschunterricht Wissensaneignung individualisiert werden kann, erhalten Übungsphasen mehr Bedeutung. Digitale Werkzeuge erweitern das Repertoire für intelligente Verfahren wie Peer-zu-Peer-Settings.

8. Komplexe Motivierung

Der Motivationsaufbau durch die Lernenden wird von verschiedenen Seiten her begünstigt: *Erstens* führen Lerngegenstände aus der Lebenswelt von Jugendlichen dazu, dass sie erkennen, dass der Zuwachs an Kompetenz sie befähigt, praktische Probleme zu lösen – was der intrinsischen Motivation förderlich ist. Gerade durch das Aufkommen von Social Media ist die sprachliche Repräsentation des Ichs von hoher Bedeutung für die psychologischen Entwicklungsaufgaben Jugendlicher. Hier hilft der Deutschunterricht, relevante Prozesse zu verstehen und Fertigkeiten auszubilden, die direkt wirksam werden. Gerade weil der Kulturzugang Jugendlicher primär digital erfolgt, muss der Deutschunterricht diese Methoden ernst nehmen und aufnehmen. *Zweitens* ist eine hohe Erwartung an die Lernenden ein starker Anreiz sowie ein Qualitätsmerkmal guten Deutschunterrichts. Dazu gehört auch das Vertrauen in die Mitarbeit der Lernenden, ein Vertrauen, das per Vorschuss erfolgt. Wer als interessierte Lernende oder interessierter Lernender behandelt wird, verhält sich oft entsprechend – gerade auch in der Arbeit mit digitalen Hilfsmitteln. Das wirkt sich dann auch auf die Beziehung innerhalb von Klassen und generell auf die Lernkultur aus (vgl. Arn, 2016, S. 175). *Drittens* ist eine Lehrkraft, die gleichermaßen an der Beziehung zu den Lernenden sowie am Unterricht interessiert ist, ein Motivationsmagnet. Die Interessen einer Lehrperson lassen sich in einem digitalen Kontext breiter darstellen und entwickeln.

> Die digitale Arbeit dient im Deutschunterricht der Motivation: Nicht in einem naiven Sinne, der davon ausgeht, allein die Verwendung von Geräten oder der Zugriff aufs Internet würde Lernende motivieren, sondern im Rahmen einer vielseitigen Motivierung über die Relevanz der Lerngegenstände und die Beziehungen der Lernenden und Lehrenden untereinander.

9. Kumulatives Lernen, Kontextualisierung, Vernetzung

Dieser Punkt verlangt eine doppelte Form von Kontextualisierung des Lernzuwachses: Einerseits innerhalb eines Wissensnetzwerkes, in das Neues »horizontal und vertikal« eingegliedert werden muss (von Brand, 2010/2015, S. 32), andererseits innerhalb eines persönlichen Lernprozesses, in dem der Aufbau von Kompetenzen reflektiert wird. Der Unterricht muss in diesem doppelten Sinne relevant sein: Indem er einen sinnvollen Zugriff auf die Wirklichkeit ermöglicht und für die Fähigkeiten der Schülerinnen und Schüler bedeutsam ist.

Relevanzvorstellungen haben sich durch die Digitalisierung verändert. Sowohl große Teile des Zugriffs auf die Wirklichkeit wie auch die Dokumentation des eigenen Lernens erfolgen in und mit digitalen Medien. Self-Tracking, also die Speicherung persönlicher Daten, hat sich als gutes Mittel erwiesen, um persönliche Entwicklungen zu verfolgen und das eigene Gedächtnis zu stützen (vgl. Wampfler, 2014, S. 55). Kontextualisierung und Vernetzung gelingen Lernenden leichter, wenn sie digitale Portfolios anlegen, mit denen sie Gelerntes auch später noch aktualisieren könnten. Man stelle sich vor, man hätte als Erwachsene oder Erwachsener alle Lernmaterialien aus der Schule in digitaler Form greifbar: Wie oft hätte man darauf zurückgegriffen, sich orientiert oder Gelerntes mit anderen Ressourcen verknüpft?

> Digitale Werkzeuge stützen den Deutschunterricht dabei, persönliche und wirklichkeitsbezogene Relevanz herzustellen, weil sie die Verknüpfung von Wissen erleichtern und langfristig möglich machen.

10. Wirkungs- und Kompetenzorientierung

Die vorausgehenden Anmerkungen lassen deutlich werden, dass digitaler Deutschunterricht eng an den Kompetenzbegriff geknüpft ist. So verbreitet die Kritik am Kompetenzbegriff unter Lehrkräften ist, so unumgänglich ist die Ausrichtung des Unterrichts am Können der Lernenden. Der Aufbau von Kompetenzen ist der Fokus schulischen Unterrichts. Liest eine Klasse Drostes *Judenbuche,* dann geht es nicht darum, den Text gelesen zu haben oder ihn zu kennen, sondern bei der Lektüre Fertigkeiten aufzubauen, mit denen sich Probleme lösen lassen. Diese Probleme – um beim Beispiel zu bleiben – können literarischer Natur sein, wenn sich Lernende etwa fragen, wie sie mit der Situation umgehen können, dass die Erzählinstanz sich in Widersprüche verstrickt und die Perspektive ändert. Sie können sozialhistorischer Art sein, wenn die Situation der Juden das Leben in kleinen dörflichen Gemeinschaften im 19. Jahrhundert im Vordergrund steht – Es können auch schlicht sprachliche Probleme sein, wie die Lektüre eines knapp 200 Jahre alten Textes sie mit sich bringt. Doch schon diese Auflistung zeigt, dass die etablierte Vorstellung der Lektüre einer Ganzschrift mit einer ganzen Klasse nicht optimal geeignet ist, einen wirkungsorientierten Unterricht zu bestimmen. Die Ausrichtung an Kompetenzen, an der Frage, was Lernende können, was sie unternehmen müssen, um etwas zu können oder wie sie das dokumentieren könnten, führt zu individualisierteren Formen von sprachlichem Lernen. Diese Individualisierung wird wiederum durch die Digitalisierung möglich gemacht.

Drei Probleme im Umgang mit Kompetenzen müssen gerade im digitalen Kontext angesprochen werden:
1. Kompetenzorientierung darf nicht dazu führen, dass Kompetenzen standardisiert oder mit einfachen Testverfahren operationalisiert werden – weil das der Kompetenzvorstellung in vielen Fällen widerspricht. Digitale Werkzeuge setzen zu oft auf Multiple-Choice-Verfahren, die den Korrekturaufwand für Lehrkräfte zu senken scheinen. Dabei entsteht ein direkter Widerspruch: Solche Tests messen kein Können, sondern führen abstrakte Messungen ein, die letztlich Selbstzweck bleiben.

2. Kompetenzen müssen mit Wertereflexion verbunden werden, weil diese nicht automatisch erfolgt. Können umfasst auch das Einnehmen von Haltungen, das Werten sozialer Vorgänge, das Ausdrücken von Emotionen und vieles mehr. Kompetenz kann deshalb nicht auf wirtschaftliche Verwertbarkeit eingeschränkt werden.

   Das ist insbesondere deshalb von Bedeutung, weil automatisierte Systeme aus Maschinen und Algorithmen standardisierte Tätigkeiten in absehbarer Zeit umfänglich übernehmen können. Menschliche Arbeit wird sich darauf konzentrieren, Schnittstellen zu betreuen, kreativ zu agieren und empathisch zu kommunizieren.
3. Ein zu enger Kompetenzbegriff führt zu einem abstrakten und damit beliebigen Können. Inhalte sind nicht bedeutungslos für den Aufbau von Können, sie sind aber nicht der Ausgangspunkt des Unterrichtsgeschehens. Es ist nicht belanglos, ob Jugendliche die *Judenbuche* oder eine antisemitische Hetzschrift lesen, auch wenn bestimmte Kompetenzen in einem isolierten Sinne an beiden Texten ausgebildet werden können. Doch Kompetenzen stehen nicht allein, sie sind zu lösen von kognitiven und gesellschaftlichen Netzwerken. Es ist sinnvoll, sich auf Modelle wie das ganzheitlich orientierte Konzept literarischen Lernens zu beziehen, wie es Spinner (2011) vorgeschlagen hat.

Die Umgebungen, in denen wissenschaftlich und beruflich mit Sprache gearbeitet wird, erfordern fast ausschließlich digitale Arbeit. Geht es im Deutschunterricht darum, professionelles Können auszubilden, muss der Aufbau von Kompetenzen in Neuen Medien erfolgen und entsprechend unterstützt werden.

11. Kommunikation, Kollaboration, Kreativität und kritisches Denken

Die Auflistung der 4 K, die einen bestimmten Bereich wichtiger Kompetenzen markieren, die aber gleichzeitig auch Unterrichtsmethoden darstellen, geht auf die Initiative P21 aus den USA zurück, in der NGOs und Wirtschaftsverbände versuchen, eine digitale Agenda in der Bildungspolitik voranzubringen. Ist bei Lobbying in Bezug auf staatliche Bildung Skepsis angebracht, so verweisen die 4 K auf entscheidende Fertigkeiten und Schwachpunkte der Schule. Kollaboration und Kommunikation erfolgen in didaktisch sehr klar eingegrenzten Bereichen, was sich schon daran ablesen lässt, dass sie in den relevanten Formen von Leistungsmessung untersagt werden – wie Kreativität und kritisches Denken in der Regel auch. Geht der Koordinator der PISA-Studien, Andreas Schleicher, in seinem Plädoyer für die 4 K als Vertreter der OECD von beruflichen Anforderungen aus (Schleicher, o. J.), so verweist die Didaktikerin Lisa Rosa auf drei Gründe, welche die 4 K zum Ausgangspunkt für guten Unterricht machen: *Erstens* wird immer mehr Arbeit von Maschinen übernommen, so dass *zweitens* neue Arbeitsformen mehr komplexes Denken sowie situierte Entscheidungen und Beziehungsfähigkeit verlangen. Die gesellschaftlichen Probleme sind *drittens* so komplex, dass sie nur mit »kollektiver Intelligenz«, also Kollaboration bearbeitbar sind (Rosa, 2015, Folienschritt 37 ff.) Rosa kommt zum Schluss, dass 4 K-Lernen gerade im Kontext globaler Probleme wichtig sei, für die etwa Goleman und Senge das Postulat aufgestellt haben, Intelligenz müsse an Schulen primär als das Verstehen von komplexen Systemen ausgebildet werden (2014, Pos. 691).

> Guter digitaler Deutschunterricht orientiert sich an den 4 K als Leitkompetenzen, indem Kommunikation, Kreativität, Kollaboration und kritisches Denken in einem authentischen Sinne den Ausgangspunkt des Unterrichts darstellen.

12. Offenheit und Freiheit

In den obigen elf Punkten ist immer wieder die Rede von Individualisierung, Interaktion, Kreativität, Kollaboration – diese Stichworte machen deutlich, dass ein Deutschunterricht, der an enge curriculare Vorgaben gebunden ist, überfrachtet und durch Standardisierungen eingeengt wird, die Gütekriterien in einem digitalen Zeitalter nicht wird erreichen können. Orientierung an Kompetenzen erfordert Reflexion des eigenen Lernens durch die Lernenden und so auch eine Mitbestimmung über Lerngegenstände und -methoden. Hinzu kommt, wie der nächste Abschnitt zeigt, dass die Entwicklung von Literatur die Verabschiedung des Kanons des 20. Jahrhunderts erfordert: Die Literatur unternimmt eine Reise im Netz, deren Destination nicht absehbar ist. Im Rahmen der Vermittlung von Medienkompetenz, zu welcher der Unterricht in der Erstsprache einen wesentlichen Beitrag leisten muss, kann der Kulturbegriff nicht eingeschränkt auf bildungsbürgerliche Kriterien bleiben:

Deutschunterricht muss den kulturwissenschaftlichen Turn der Germanistik zumindest ein Stück weit mitgehen, wenn er relevant bleiben soll.

> Die kulturelle, inhaltliche und methodische Offenheit ist Resultat der Diskussion von Qualitätsmerkmalen digitalen Deutschunterrichts. Sie ist Bedingung dafür, dass das Fach in einem gesellschaftlichen – nicht einem schulischen – Sinne relevant bleiben kann.

Digitale Literatur als Teil eines weiten Textbegriffs

»Computerspiele [sind] inzwischen die eigentliche Form digitaler Jugendliteratur.« Diese von Axel Krommer leicht überspitzt formulierte Einsicht (2016b) weist darauf hin, dass die Deutschdidaktik und die Bildungspolitik von einem sehr engen Textbegriff ausgehen, der im Rahmen der Digitalisierung einer Revision bedarf (vgl. Wampfler, 2016, für den Kontext zu diesem ganzen Abschnitt).

Betrachtet man etwa die *Bildungsstandards für den Mittleren Schulabschluss* der Kultusministerkonferenz, so wird eine Trennung von medialer Vermittlung und Literatur erkennbar. In gerade mal einem Kompetenzbereich finden Computerspiele Erwähnung: Zu »Medien verstehen und nutzen« gehört die Teilkompetenz »zwischen eigentlicher Wirklichkeit und virtuellen Welten in Medien unterscheiden: z. B. Fernsehserien, Computerspiele« (Kultusministerkonferenz, 2013, S. 19). Der sich so äußernde *digitale Dualismus* – gemeint ist die Vorstellung, es gebe einen Gegensatz zwischen einer sinnlich erfassbaren, realen Welt und einer virtuellen des Cyberspace – ist das Resultat einer Opposition zwischen »Texten« und »Medien«, die alle Bildungsstandards, Lehrpläne und Kompetenzbeschreibungen im Fach Deutsch betrifft. Der dahinterstehende enge Textbegriff setzt reine und fixierte Sprachlichkeit voraus. Ihm gegenüber steht ein Medienbegriff, der sich auf »technisch vermittelte (Massen-)Kommunikation« bezieht, wie das Horstmann im *Reallexikon der deutschen Literaturwissenschaft* formuliert (2007/1997, S. 596).

Diese Unterscheidung wird sofort fragwürdig, wenn textbezogene Bildungsstandards in den Blick genommen werden:
– Rückschlüsse aus der medialen Präsentation und Verbreitungsform eines Textes ziehen […]

- wesentliche Elemente eines Textes erfassen: z. B. Figuren, Raum- und Zeitdarstellung, Konfliktverlauf [...]
- analytische Methoden anwenden [...]
- Informationen zielgerichtet entnehmen, ordnen, vergleichen, prüfen und ergänzen
- nichtlineare Texte auswerten (z. B. Schaubilder)
- Intention(en) eines Textes erkennen, insbesondere Zusammenhang zwischen Autorintention(en), Textmerkmalen, Leseerwartung und Wirkungen

(Kultusministerkonferenz, 2013, S. 14)

Es ist argumentativ nicht einzusehen, weshalb Verstehenskompetenzen an eine bestimme mediale Form gebunden werden sollen. »Sprache oder Literatur stehen nicht dichotomisch zu den Medien, sie besitzen vielmehr selbst eine spezifische Medialität.« Diese von Michael Staiger (2007, S. 263) formulierte Einsicht wird in der Gestaltung des Deutschunterrichts immer wieder ausgeblendet. So verweisen auch fachdidaktische Plädoyers für die Berücksichtigung von digitalen Texten im Deutschunterricht an zentralen Stellen immer wieder auf die »Transferierbarkeit literarästhetischer Verstehensleistungen zwischen Computerspielen und literarischen Texten« (Wechselberger/Gahn, 2012). Games werden als Motivations- und Hilfsmittel für leseschwache Lernende gesehen, aber nicht als primäres Handlungsfeld des Deutschunterrichts. Das hat weniger mit den in den Curricula beschriebenen Kompetenzen als vielmehr mit der dort verankerten Perspektive auf die medialen Möglichkeiten im Deutschunterricht zu tun. Während gedruckte Texte das Problem einer »virtuellen Welt« offenbar nicht einer Reflexion zuführen können, scheinen digitale dazu in der Lage zu sein. Neuere Lehrwerke zur Deutschdidaktik stellen diese Perspektive aber zunehmend infrage und enthalten zumindest am Rande Ausführungen, die eine stärkere Einbindung digitaler Literatur erahnen ließe (vgl. etwa Hochstadt/Krafft/Olsen, 2013 oder Borrmann, 2011).

Damit wird übersehen, dass diese Problemstellung kulturgeschichtlich mit Fiktionalität in Verbindung steht, nicht mit digitaler Repräsentation von Literatur. Die Eigenheiten digitaler Literatur verdienen durchaus eine fundierte Analyse und Reflexion – sie sind jedoch nicht konstitutiv für den Lernprozess, um den es in diesen Bereichen der Lehrpläne geht. Digitale Literatur wird auf ein spezifisches Problem reduziert, womit ihr die kulturelle Bedeutung abgesprochen wird.

Aber was meint denn digitale Literatur genau? Im Sinne eines weiten Textbegriffs, der neben im Internet publizierten Texten auch Computerspiele, Bild-Text-Kombinationen wie *Memes* oder *Graphic Novels* sowie Youtube-*Vlogs* umfassen soll, ist die Forderung, digitale Literatur müsse primär schriftsprachlich fixiert sein, abzulehnen. Gemeint sind mit digitaler Literatur vielmehr »computerspezifische Texte«, zu deren Produktion und Rezeption digitale Medien erforderlich sind (Leubner, 2014, S. 186 f.). Hinzu tritt – gerade bei Computerspielen – die Möglichkeit der Interaktion oder der »Fiktion der Interaktivität« (Degler, 2005, S. 58), die als zentrales Merkmal digitaler Literatur gelten kann. Weitere oft erwähnte Eigenschaften wie der doppelte Text (Code und Oberflächentext), die Multimedialität, Hypertextualität, Kooperativität oder die narrative Struktur dürften als Beschreibung einzelner Texte hilfreich sein, sind aber keine hinreichenden oder notwendigen Kriterien für das Vorliegen digitaler Literatur. Ein Autoren-Computerspiel wie *Sunset* (vgl. den Abschnitt dazu im Praxisteil, S. 87 ff.) gehört in den Bereich der narrativen digitalen Literatur, obwohl keine hypertextuelle Struktur vorliegt, weil die Erzählung linear verläuft. Auch der Aspekt der Kooperativität entfällt, da sich das Spiel auf einen einzelnen Spieler beschränkt. Digitale Literatur meint Texte, deren Herstellung und Lektüre am Computer erfolgen muss und die in einem weiten Sinne interaktiv sind oder erscheinen.

Digitaler Deutschunterricht geht von einem so weiten Textbegriff aus, dass digitale Texte selbstverständlich in seinen Gegenstandsbereich fallen. Das ist deshalb notwendig, weil viele textbezogene Kompetenzen von Kindern und Jugendlichen mit digitaler Literatur erworben werden. Volker Frederking fordert zu Recht:

> Die einseitige printmediale Ausrichtung des Deutschunterrichts ist aus medienkulturgeschichtlicher Perspektive aufzugeben und durch Formen des Umgang mit Sprache und Literatur zu ersetzen, in denen digitale Medien eine zentrale Rolle spielen. (Frederking et al., 2014, S. 32)

Die Veränderungen der Digitalisierung betreffen die Natur von Texten wie auch die damit verbundenen Erfahrungen Jugendlicher. Soll der Deutschunterricht zu einem kontextgebundenen Verständnis und einer reflektierten

Produktion von Texten anleiten, so kann diese massive Verschiebung oder Disruption nicht länger ignoriert werden.

Die Einsicht, dass ein Leitmedienwechsel stattgefunden hat und Smartphones für Jugendliche Kulturzugangsgeräte sind, lässt sich aus deutschdidaktischen Erwägungen nicht mehr wegdenken. Es erstaunt denn auch nicht, dass der Wert digitaler Literatur für den Literaturunterricht in der Forschung weitgehend unbestritten ist. Geläufige Argumente sind, wie schon gesehen, ihre Verankerung im medialen Alltag Jugendlicher, ihr kultureller »Wert« als eigenes Genre-System mit einer Geschichte, ihre Zukunftsbedeutung, die Selbstwirksamkeits-, Kreativitäts- und Rollenerfahrung, die narrativen Eigenschaften sowie fächerübergreifende Aspekte (vgl. Kepser, 2012, S. 18 f.). Als ein Beispiel für diesen letzten Aspekt kann die Eigenschaft des doppelten Textes digitaler Literatur herangezogen werden: Eine Auseinandersetzung mit der Code-Struktur, die Oberflächendarstellungen ausgibt, ist in den wenigsten Arbeitsumgebungen, auf die ein Gymnasium vorbereitet, heute wegzudenken (vgl. Wechselberger/Gahn, 2012, 2. Abschnitt).

Aus diesen Gründen sind auch schon differenziertere Vorarbeiten für eine Verankerung digitaler Literatur im gymnasialen Unterricht zu verzeichnen. Matthis Kepser hat »Kompetenzen einer Computerspielbildung« ausführlich beschrieben. Er unterscheidet dabei die Bereiche »Computerspielanalyse«, »Computerspielnutzung«, »Computerspielproduktion und -präsentation« sowie »Computerspiel in der Mediengesellschaft« (Kepser, 2012, S. 30 f.). Ersetzt man in den Kompetenzbeschreibungen »Computerspiel« durch »digitale Literatur«, so lässt sich eine Grundlage für die didaktische Konkretisierung dessen erahnen, was oft mit »digital literacy« bezeichnet wird. Betrachtet man einige dieser Kompetenzen in der Liste von Kepser genauer, zeigt sich, dass eine schulische Auseinandersetzung mit digitaler Literatur mehr leistet, als es der Konsum dieser Literatur im Alltag Jugendlicher vermag. So beschreibt er etwa folgende Kompetenzen: »Genderspezifische Aspekte reflektieren und diskutieren können«, »Computerspiele aus einem breiten Spektrum einschließlich Independent-Produktionen […] geleitet beurteilen können«, »Propaganda-Spiele analysieren, in ihrer Wirkung einschätzen und kritisieren können« (Kepser, 2012, S. 38 ff.). Diese Kompetenzen lassen sich direkt an Begründungen anbinden, weshalb kanonisierte Belletristik im Deutschunterricht priorisiert wird – weil sie eine Auseinandersetzung mit weiterführenden Fragen gleichsam modellhaft erlaubt. Auf digitale Literatur trifft das ebenfalls zu – man denke etwa an die Möglichkeit, klassische Techniken der rhetorischen Manipulation und des Influencer-Marketings an aktuellen Youtube-Beispielen zu studieren.

Auch die Arbeiten von Boelmann setzen sich mit Kompetenzen im Bereich des literarischen Verstehens auseinander, die unabhängig vom Trägermedium aufgebaut werden (2012, S. 87 ff.). Er konnte zudem empirisch nachweisen, dass der Erwerb von literalen Kompetenzen vom Trägermedium unabhängig ist: In seiner Studie beschäftigte sich eine achte Gymnasialklasse mit einem Jugendbuch und einem narrativen Computerspiel – mit vergleichbaren Lernergebnissen. Das gilt auch für nicht digital sozialisierte Schülerinnen und Schüler. Zentral scheint die Bedeutung digitaler Literatur für Jugendliche, die keine basale Lesekompetenz mitbringen, die ihnen eine gewinnbringende Teilnahme am Unterricht erlauben würde. Gerade sie profitieren stark von der Möglichkeit, literale Kompetenzen in digitalen Kontexten aufzubauen (ebd., S. 97–101).

Trotz dieser Einsichten zur didaktischen Bedeutung digitaler Literatur fristet diese noch nicht einmal ein Nischendasein im Deutschunterricht, wofür es eine Reihe von Gründen wie auch Vorschläge zur Veränderung gibt (vgl. Wampfler, 2016).

Medienkompetenz vermitteln

In öffentlichen Debatten hat die Forderung nach Vermittlung von Medienkompetenz Konjunktur. Die Forderung nach neuen Fächern ist deutlich vernehmbar, aber selten sauber in Bereiche aufgeteilt. So läuft etwa unter dem Hashtag *#pflichtfachinformatik* eine Kampagne für die Informatik als Pflichtfach, in dem dann ebenfalls Medienbildung vermittelt würde. Es ist nicht in Abrede zu stellen, dass der schnelle Wandel des medialen Umfelds Lehrkräfte mit entsprechenden Profilen erfordert, welche durch spezialisierte Fächer gezielt ausgebildet werden könnten.

Nimmt man zunächst Medienbildung sowie Anwendungskompetenzen in den Blick, so ist die Forderung nach mehr Medienkompetenz grundsätzlich als Auftrag für die Deutschdidaktik zu verstehen. Gemeint sind – das zeigt etwa das Beispiel der *Hatespeech,* also der Hassrede in sozialen Netzwerken – oft die Entwicklung, Reflexion und Beurteilung sprachlicher Handlungen im

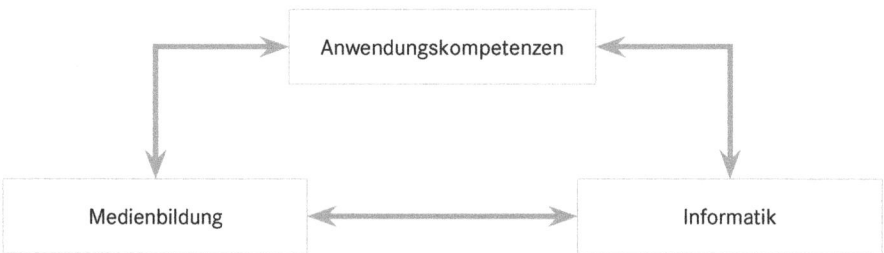

Abb. 5: Drei Bereiche digitaler Kompetenzen nach Döbeli Honegger (2016), S. 79

jeweiligen multi-medialen Kontext. Etwas differenzierter sind drei Kompetenzbereiche zu unterscheiden:

1. Selbstregulation, Selbstorganisation und Selbstreflexion ermöglichen informelles Lernen im Kontext des Web 2.0; sie führen zu »Neugierde und Kreativität, Initiative und Autonomie, Lernfähigkeit, Verantwortungsbewusstsein, Frustrationstoleranz, Improvisationsgeschick und Risikobereitschaft«.
2. Es wird Internetkompetenz aufgebaut, die sich aus einer Medienalphabetisierung, »medienspezifischen Analyse-, Evaluations- und Contententwicklungs-Skills« und der Fähigkeit, Informationen kontextualisieren zu können, zusammensetzt.
3. Die unter 1. und 2. genannten Fähigkeiten kommen in heterogenen sozialen Zusammenhängen zum Einsatz. Entscheidend ist also die Kompetenz, in flexiblen Umgebungen problembezogen kommunizieren zu können, ohne die eigene Autonomie preiszugeben.

(Wagner, 2012; zitiert nach Wampfler, 2013, S. 78 ff.)

Diese Kompetenzziele lassen sich an Bereiche der Schreib- und Lesedidaktik problemlos anschließen, wenn sie den Informationscharakter sprachlicher Handlungen in den Blick nehmen. Neue Medien stellen die Kontextualisierung dieser Informationen, aus denen sich ihre Verlässlichkeit und Relevanz ableiten lässt, vor neue Herausforderungen. Das zeigt etwa Hofers Versuch, die Wissensautorisierung im Internet systematisch zu ergründen: Dem Abbau der Autorität einer Autorinstanz und von traditionellen Institutionen wie Redaktionen, Verlagen und Fachgremien steht die zunehmende Bedeutung algorithmischer Relevanz, wie sie etwa Google herstellt, gegenüber. So entstehen »einschneidende Veränderungen in der Art [...], wie Informationen ausgewählt, dargestellt, bearbeitet und beurteilt werden« (Hofer, 2012, S. 555 ff.).

Wenn der Deutschunterricht Lernende im Sprechen, Zuhören, Schreiben und Lesen ausbildet, dann kann das als Aufbau von Medienkompetenz beschrieben werden, weil Sprache gelöst von einem so verstandenen Medium keine Bedeutung oder soziale Funktion hat. Digitaler Deutschunterricht nimmt diese Perspektive in den Fokus. Weil digitale Medien beruflich und sozial von großer Bedeutung sind, stellt es sich als sinnvoll heraus, ihnen in der Arbeit an der eigenen Sprache und bei der Auseinandersetzung mit fremder Sprache besondere Aufmerksamkeit zukommen zu lassen, sie also als Ausgangs- wie Zielpunkt des Aufbaus sprachlicher Kompetenz zu verstehen.

Vertrauen: Wenn die Bildschirme auf den Tischen stehen

Der digitale Deutschunterricht ist ein Unterricht, in dem Kulturzugangsgeräte und damit Bildschirme Arbeitsmittel sind. Lehrkräfte müssen den Einsatz von Tablets, Notebooks oder Smartphones nicht erst bewilligen oder gar ankündigen – er ist selbstverständlich. »Bring Your Own Device« (BYOD) ist der Standardmodus des digitalen Unterrichts – weil er logistische und technische Fragen an die Lernenden selbst delegiert. (Damit wird auch deutlich, dass der Weg bis zum digitalen Deutschunterricht an vielen Schulen im deutschen Sprachraum noch recht weit ist.)

Wie geht man als Lehrkraft mit der Verunsicherung um, die entsteht, wenn Lernende auf Bildschirme starren? Woher weiß man, ob die Klasse tatsächlich Notizen macht und recherchiert oder ob sie sich auf Instagram schöne Bilder der Mitschülerinnen und Mitschüler anschaut und nebenher mit ihnen chattet?

An diesem Punkt verlangt die digitale Arbeit eine Haltungsänderung und die nötige Gelassenheit. Wer den Lernenden nicht vertrauen kann, befindet sich in einer Unterrichtssituation, die für wirkungsorientierten Unterricht mit agiler Didaktik denkbar ungeeignet ist. Damit entfallen die meisten Überlegungen dieses Kapitels, die Voraussetzungen für guten digitalen Deutschunterricht sind, jedoch nicht. Das Rezept ist ein bedingungsloser Vertrauensvorschuss: Die Lehrkraft geht davon aus, dass die Lernenden am Aufbau ihrer eigenen Kompetenz interessiert sind, grundsätzlich lernwillig sind und Hilfsmittel zur Unterstützung des Lernens verwenden. Im Sinne der *Themenzentrierten Interaktion* nach Ruth Cohn gilt das Postulat »Störungen haben Vorrang«. Wenn also Lernende tatsächlich abgelenkt sind, dann hat ihre soziale Wirklichkeit für sie mehr Bedeutung als das Geschehen im Klassenzimmer. Sie können in diesen Momenten also nicht lernen. Dadurch entfällt der Einwand, das Ablenkungspotenzial sei grundsätzlich zu groß für Lernende. Damit ist nicht impliziert, dass der Umgang mit Ablenkung nicht ein wichtiges Thema im Rahmen der Ausbildung von Medienkompetenz ist.

Deshalb gilt der Vertrauensvorschuss auch für die Arbeit am Laptop oder Tablet. Es ist davon auszugehen, dass Bildschirmarbeit mit dem Lernen zu tun hat. Selbstverständlich ist es aber nötig, in bestimmten Unterrichtsphasen Bildschirme zu meiden – es ist sogar didaktisch geboten, wenn ein konstruktives Gespräch in einer Gruppe in Gang treten soll. Aber nicht, weil eine Lehrperson das Verhalten der Lernenden kontrollieren will, sondern weil eine andere Form von Interaktion ablaufen soll.

Lehrkräfte müssen das Gefühl, die Lernenden in ihren Aktivitäten überwachen und kontrollieren zu wollen, aktiv bekämpfen. Das hat mit der Schulsozialisation zu tun, die sie durchlaufen haben: Kontrolle war in ihrer Schulerfahrung eng mit Lernen verbunden. Wirkungsorientiertes 4K-Lernen braucht kaum Disziplinierung durch die Lehrkraft – diese ist oft ein Machtmissbrauch. Lernende dürfen zur Toilette, wann sie wollen, sie dürfen tragen, was sie wollen – und sie dürfen sich Notizen machen und recherchieren, wie sie wollen. Nur andere beim Lernen zu stören, ist untersagt. Selbstverständlich können Hinweise gegeben werden, wie effiziente Lernabläufe aussehen oder welche Auswirkungen permanente Ablenkung hat. Aber entscheiden müssen die Lernenden letztlich selbst. Wer meint, anderen etwas vorschreiben zu müssen, um ihr Lernen (und Leben) zu verbessern, hat pädagogisch meist schon kapituliert.

Lernprozesse und Lernprodukte bewerten

Die vorgestellte agile Didaktik nimmt viele Einsichten auf, die Ruf/Gallin in ihrer Konzeption des dialogischen Lernens (2005/2011) vorgestellt haben. Sie gehen dabei von vier Prämissen aus:

1. Wirksame Instruktion entspringt und mündet im Zuhören.
2. Motivation entsteht und entwickelt sich mit der Erfahrung, etwas ausrichten zu können und Fortschritte zu machen.
3. Lernen bedeutet Umbau und Erweiterung, nicht Neubau.
4. Ohne Erfolg keine Anstrengung, ohne Anstrengung kein Erfolg.
(Ruf/Gallin, o. J., o. S.)

Konkret wird das Modell umgesetzt, indem Schülerinnen und Schüler offen Aufträge der Lehrpersonen bearbeiten, beispielsweise in Lernjournalen. Aus denen können die Lehrpersonen dann wiederum didaktisch wertvolle »Kernideen« entnehmen und neue Aufträge ableiten. Dieser dialogische Zirkel ist der Schlüssel zum Verständnis des dialogischen Lernens und eine Grundlage der didaktischen Arbeit mit Social Media, wie sie im ersten Buch des Autors vorgestellt worden ist (vgl. Wampfler, 2013, S. 110). Die Vorstellung, dass Impulse aus den Lernprodukten der Lernenden entstehen, hat viel mit agiler Didaktik zu tun – auch sie orientiert sich am Dialog zwischen Lehrenden und ihren Schülerinnen und Schülern und rückt die intrinsische Motivation sowie die Verantwortung für den eigenen Lernprozess in den Mittelpunkt des Unterrichtsgeschehens.

Diese Sichtweise hat direkte Auswirkungen auf die Bewertung der Unterrichtsleistung. Nimmt man Lernende ernst, dann reduziert sich die Funktion von Bewertungen auf ein Feedback, in dem zu einem bestimmten Teil auch eine Prognose über den zu erwartenden Schulerfolg steckt. In einer dialogischen oder interaktiven Unterrichtskultur wären damit zwei Forderungen verbunden:
1. Die Rückmeldungen beziehen sich auf Lernprodukte und -prozesse, nicht auf Prüfungsarbeiten in einem künstlichen Setting.
2. Die Rückmeldungen sind so differenziert wie möglich, damit sie hilfreich sind. Lernende können selbstverständlich ihre Perspektive einbringen, nachfragen, Zweifel anbringen.

Man erinnere sich an das oben erwähnte Gedankenexperiment von Arn, das Unterricht mit einem Gespräch mit einem interessierten Laien vergleicht. Wie würden Rückmeldungen an Gäste aussehen, die beim Nachbarschaftsgrillfest etwas lernen möchten? Niemand käme auf die Idee, eine Prüfung abzuhalten oder eine Bewertung mit einer künstlichen Skala einzuführen.

Selbstverständlich lassen sich diesbezügliche bildungspolitische Zwänge nicht mit didaktischen Einsichten aushebeln. Gleichwohl seien hier aber Elemente einer idealen Bewertungssituation skizziert:
- Lernende holen Feedback zu einem selbst gewählten Zeitpunkt ein.
- Bewertet wird eine Sammlung von Lernprodukten über einen bestimmten Zeitraum, also z. B. eine Reihe von Texten, nicht einzelne Aufsätze.
- Die Kriterien legen die Lernenden selbst fest, weil nur sie die Relevanz ihres Lernprozesses bestimmen können – die Kriterien müssen aber gleichwohl transparent sein und der Lernkultur entsprechen.
- Ein Hilfsmittel sind individuelle Kompetenzraster, welche Kompetenzen verzeichnen und am Beginn von Lernprozessen allen Beteiligten vor Augen führen.
- Lernende beurteilen die Nützlichkeit des Feedbacks und ihren Lernfortschritt.

Einwände, die solche Prozesse als utopisch ablehnen, gehen von einer nicht agilen, nicht dialogischen Lernkultur aus, in der kein Vertrauen zwischen Lehrenden und Lernenden möglich ist. In Bezug auf diese Vorannahmen ist den Einwänden zuzustimmen: Sie artikulieren, dass Prüfungen und Noten in der verbreiteten Vorstellung von Schule ein Hilfsmittel zur Kontrolle, Disziplinierung und extrinsischen Motivation sind.

Diese Sicht auf die Bewertung ist nicht neu, aktualisiert sich aber durch die Möglichkeiten der Digitalisierung: Werden etwa Texte digital überarbeitet, so lässt sich diese Überarbeitung als Prozess leichter dokumentieren und kann Grundlage eines Feedbacks sein. Verwenden Lernende persönliche Lernumgebungen, haben sie vielfältigere Möglichkeiten, um Rückmeldungen auf ihre Lernprodukte einzuholen. Die Dokumentation von Lernschritten fällt zudem mit einem Smartphone deutlich leichter, weil es Gespräche, Skizzen und Abläufe aufzeichnen kann.

Digital lesen, digital schreiben: empirische Befunde

Schreiben ist immer primär eine Technologie, ein Weg, Materialien anzuordnen, um ein Ziel zu erreichen. Damit sind Vorstellungen verbunden, die mit Werten aufgeladen sind: Literacy, Kunst, Wissenschaft, Geschichte und

Psychologie, Erziehung, Theorie und Praxis. Wir vergessen, dass Schreiben eine Technologie ist, bis es sich wandelt: zum Beispiel durch den Computer. Wir werden aufgeregt und verwirrt, wenn wir ihn anprobieren, ausprobieren, ihn zurückweisen und ihn dann an unser Leben anpassen – und unser Leben an ihn. (Baron, 2001, übers. von Ph.W.)

Was Dennis Baron in diesem Abschnitt anspricht, hat eine subjektive und eine objektive Seite: Mit einem Computer zu schreiben, fühlt sich anders an, als mit einem Bleistift übers Papier zu fahren. Die Form der Buchstaben unterscheidet sich genauso wie die Bewegungen, welche Finger und Hände ausführen. Auch der Rhythmus und die Gedanken beim Schreiben sind nicht gleich. Die objektive Seite versucht diese Zusammenhänge zu messen und allgemeine Schlüsse daraus zu ziehen – oft mit dem Wunsch nach einfachen Antworten auf komplexe Fragen: Sollen Schülerinnen und Schüler von Hand schreiben oder nicht? Schadet oder nützt ihnen das Lesen am Bildschirm?

Diese Fragen sind Gegenstand ausführlicher Untersuchungen. Deutschlehrkräfte sollten den Stand dieses wissenschaftlichen Erkenntnisprozesses kennen; er hilft ihnen, situationsgerechte Entscheidungen zu fällen. Im Folgenden eine knappe Zusammenfassung zu den Fokusthemen *Schreiben und Lesen*.

The Pen Is Mightier Than the Keyboard ist der Titel einer Studie, welche viele Befunde zusammenfasst (Mueller/Oppenheimer, 2014): Mueller/Oppenheimer haben untersucht, welchen Einfluss das Schreiben von Notizen auf Testresultate hat. Dabei hat sich herausgestellt, dass Studierende, die in der Versuchsanordnung Laptops verwendet haben, deutlich mehr Wörter aufschreiben und dazu tendieren, Vorlesungen mitzuschreiben. Während die Testresultate im Vergleich mit handschriftlich arbeitenden Studierenden sich in Bezug auf die Wiedergabe von Fakten (also tiefe Taxonomiestufen nach Bloom) kaum unterschieden, entstanden zwischen den beiden Gruppen bei konzeptuellem Wissen größere Differenzen.

Aus diesen Messungen ergab sich eine einfache Vermutung: Handschriftliche Notizen erfordern eine stärkere Verdichtungsleistung, welche mit der Verarbeitung und Speicherung von Gehörtem zu korrelieren scheint. Das gedankenlose Mitschreiben, so die beiden Autoren der Studie, stehe der Lernwirksamkeit der Notizen im Wege (Mueller/Oppenheimer, 2014, S. 8). Auch die Aufforderungen an einen Teil der Laptop-Studierenden, wörtliches Mit-

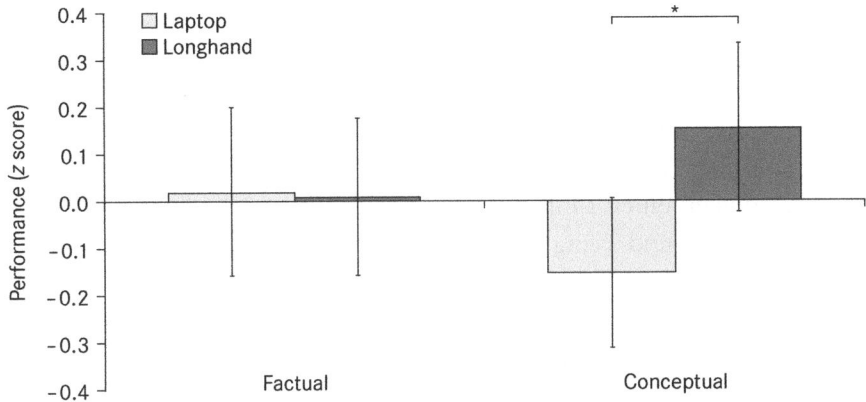

Fig. 1. Mean z-scored performance on factual-recall and conceptual-application questions as a function of note-taking condition (Study 1). The asterisk indicates a significant difference between conditions ($p < .05$). Error bars indicate standard errors of the mean.

Abb. 6: Testresultate von Mueller/Oppenheimer (2014), S. 3. »Longhand« steht für handschriftliche Notizen, links Abfragen von Fakten, rechts von Konzepten.

schreiben zu vermeiden oder vor der Lernkontrolle die Notizen noch einmal genau zu studieren, zeigten kaum Wirkung. Handschriftliche Notizen führten zu besseren Resultaten.

Gegen die Ergebnisse dieser Untersuchung muss ein Einwand formuliert werden: Die Probandinnen und Probanden waren nicht darin geschult, digital Notizen anzulegen. Wie der Wissenschaftsjournalist Clive Thompson in einer lesenswerten Zusammenfassung einer Reihe von Studien schreibt, ist die Tippgeschwindigkeit ein bedeutender Faktor:

> Einer der Gründe, weshalb Kinder aufwändig darin geschult werden, von Hand zu schreiben, ist folgender: Zwischen der Genese von Ideen und ihrer Niederschrift soll es keine Stockungen geben. Wer Mühe hat, Buchstaben zu formen und Wörter zu schreiben, hat weniger mentale Energie (gemeint ist Arbeitsspeicher und Kontrolle) über die Ausführung. Die wäre für kognitive Prozesse auf einer höheren Ebene wichtig: Argumente bewusst planen und ausführen, alternative Formulierungen erwägen und beurteilen. Jahrzehnte von Schreibforschung haben gezeigt, dass Kinder, die flüssiger schreiben, bessere Tests und Aufsätze schreiben. Genau deswegen ist es wichtig, Handschrift zu lehren. »Wenn du nicht schnell genug

schreibst, verschwinden Ideen und kommen nie mehr zurück«, erzählte mir Steve Graham, ein etablierter Forscher der Arizona State University. (Thompson, 2014, übers. von Ph.W.)

Thompson überträgt diese Einsicht nun auf digitales Schreiben: Wenn die Geschwindigkeit einen Einfluss hat – warum lernen Kinder dann Tastaturschreiben so spät und wenig systematisch? Warum achtet niemand darauf, ob Studierende wirklich schnell tippen können? Studien zeigen nicht nur, dass viele Studierende langsamer tippen als sie von Hand schreiben (Alves et al., 2007), die Qualität von Schülertexten steigt auch, wenn sie systematische Tippkurse absolvieren (Christensen, 2004). Nimmt man diese Einsichten zusammen, dann ist das Urteil, der Stift sei mächtiger als die Tastatur, zumindest zu revidieren: Wer in Handschrift jahrelang geschult wurde, arbeitet damit besser, als wer ungeschult eine Tastatur bedient.

Doch um den Zusammenhang zwischen Kognition und Schreibtechnik noch etwas genauer zu verstehen, muss die Aussage der Studie von Mueller/Oppenheim noch einmal einbezogen werden. Auch schnell Tippende können sich nicht gegen die Gewohnheit wehren, zu stark wörtlich mitzuschreiben und auf der Sprachoberfläche zu surfen, statt ihre Bedeutung zu verdichten. Die Handbewegungen bei handschriftlichen Verfahren lösen andere kognitive Prozesse aus, sie begünstigen die Rezeption von Gehörtem. Entsprechend lautet die Bilanz von Thompson:

Natürlich sind in Wahrheit beide kognitiven Modi, die Handschrift und Tastaturschreiben begleiten, von unschätzbarem Wert. In einer idealen Welt würden wir beide fließend beherrschen, damit wir ständig dazwischen wechseln können – was, um ehrlich zu sein, die meisten Menschen, die in Büros arbeiten, täglich tun. (Thompson, 2014, übers. von Ph.W.)

Sollten Notizen in der Regel handschriftlich angelegt werden (was auf neueren Tablets selbstverständlich auch digital möglich ist), stellt sich für die Entwicklung eigener Gedanken schnelles Tippen mit rund 200 Anschlägen pro Minute als der sinnvollste Modus heraus.

Digitales Schreiben ist aber nicht auf diese Pole zu reduzieren: Kollaborative Textproduktion erfordert beispielsweise zusätzliche Erwägungen, wie sie bei Schindler/Wolfe (2014) zu finden sind. Sie unterscheiden bezüglich der

Verantwortung für Dokumente und im Hinblick auf die Arbeitsteilung verschiedene Strategien (Schindler/Wolfe, 2014, S. 365 f.):
- *simultan:* Mehrere Autorinnen und Autoren bearbeiten ein Dokument gleichzeitig.
- *parallel:* Es erfolgt eine horizontale Aufteilung des Textes, von dem unterschiedliche Passagen gleichzeitig bearbeitet werden.
- *zentralisiert:* Eine verantwortliche Person sichtet Vorschläge und arbeitet sie in den Text ein.
- *sequenziell:* Verschiedene Autorinnen und Autoren wechseln sich bei der Bearbeitung eines Dokuments ab.

Soll nun die Wirksamkeit einer dieser Strategien beurteilt werden, so hängt das von der Textsorte, der beabsichtigen Wirkung, der Zusammenarbeit sowie der Rollen im Team ab. Untersuchungen zeigen, dass sich die simultane Arbeitsweise etwa für kürzere und wichtigere Textpassagen innerhalb eines längeren Textes eignet und sich in Gruppen mit flachen Hierarchien bewährt. Ist hingegen eine Person für den Text verantwortlich und zieht andere zur Mitarbeit bei, führt eine zentralisierte Arbeitsweise zu besseren Resultaten, während sich die sequenzielle Methode bei Teams mit unterschiedlicher Expertise auszeichnet (ebd., S. 366).

Schindler/Wolfe haben auch untersucht, welche Maßnahmen die Qualität kollaborativ erstellter Texte verbessern. Neben Peer-Feedback (siehe dazu den Abschnitt in Kapitel 3, S. 86 f.) sind es *Straw*-Dokumente, Konflikte sowie geeignete digitale Tools. *Straw*-Dokumente bezeichnen unfertige Entwürfe, die auch falsche Aussagen und Widersprüche enthalten können. Beginnt man damit statt mit einem leeren Dokument, werden Teams zu Beiträgen angeregt und ihre Mitglieder sind zu mehr Engagement motiviert. Dasselbe passiert bei Konflikten innerhalb der Gruppe der Autorinnen und Autoren – sie wirken sich auf die Qualität des Textes positiv aus, weil sie dazu führen, dass Argumente präziser formuliert werden. Die digitalen Tools müssen dazu geeignet sein, Rollen und Identitäten abzubilden, Kommentare sowie Vorschläge sauber auszuzeichnen und Chat-Diskussionen neben der Textarbeit zuzulassen (Schindler/Wolfe, 2014, S. 370 ff.).

Texte werden nicht entweder digital oder analog verfasst: Ihre Produktion ist ein komplexer Prozess, der durch die Möglichkeiten der digitalen Textverarbeitung erweitert worden ist. Autorinnen und Autoren fällen nicht eine

Entscheidung, sondern bei der Strukturierung ihrer Schreibprozesse gleich mehrere. Orientiert man sich an einer prozessorientierten Schreibdidaktik (Kruse/Ruhmann, 2006, S. 16), dann wäre für jede Phase des Schreibprozesses ein Medienwechsel denkbar: Werden Notizen und Entwürfe von Hand geschrieben, so können diese Vorarbeiten mit Smartphones einfach digitalisiert und in eine digitale Rohfassung eines Textes eingebaut werden, die dann in Zusammenarbeit mit Peers überarbeitet und korrigiert wird. Empirische Befunde können letztlich über jede dieser Phasen wenig mehr sagen, als dass verschiedene Faktoren ausschlaggebend für den Erfolg eines Schreibprozesses sind. Das Mitschreiben bei Vorträgen und die Entwicklung eigener freier Gedankengänge sind dabei die Pole, die das Spektrum von analog bis digital aufspannen.

Die eben erwähnten Medienwechsel scheinen auf den ersten Blick Synergien zu verhindern und die Produktivität einzuschränken. Diesem Eindruck widersprechen aber Studien zum Lesemedium. Anne Mangen hat sich ausführlich mit digitalem Lesen beschäftigt. Ihre Studien lassen den vorläufigen Schluss zu, das Leseverständnis bei am Bildschirm gelesenen Texten sei im Vergleich zu gedruckt gelesenen schlechter (Mangen et al., 2013). Ein Grund dafür, so ihre Interpretation, sei das fehlende Switching: Die Hälfte der Schülerinnen und Schüler füllten digitale Tests aus und lasen die Texte an denselben Geräten, während die andere Hälfte ebenfalls digitale Tests bearbeitete, aber gedruckte Texte las. Das sogenannte *Switching* löst, so eine begründete Vermutung Mangens, Metakognition aus: Wer einen Medienbruch erlebt, denkt über seine Wahrnehmung und sein Denken nach, liest dadurch bewusster und durchdringt Inhalte tiefer. Zeigen sich auch hier Probleme bei der präzisen Untersuchung solcher Fragestellungen, so lassen diese Studien dennoch eine Reihe von Schlüssen zu: Neben der Bedeutung von Medienbrüchen konnte Mangen mit ihrem Team auch die mentale Strukturierung von Texten als entscheidenden Faktor herausarbeiten: Gedruckte Texte werden in größeren Ausschnitten wahrgenommen und dreidimensional in einem Buch oder Heft verortet. Dieser Überblick fehlt bei digitalen Texten, welche sich zwar an Seiten orientieren, aber durch ihre Zoombarkeit und Zweidimensionalität Orientierungsmerkmale für ein globales Verständnis ausblenden. Ein dritter Faktor ist die LCD-Hintergrundbeleuchtung der Displays, die sich kognitiv negativ auf das Leseverständnis auswirkt.

Unreflektiertes und untrainiertes digitales Lesen führt zu schlechten Resultaten. Wie beim Schreiben erstaunt diese Erkenntnis nicht. Die Gründe, welche dafür ausschlaggebend sind, lassen jedoch Hinweise darauf zu, wie die Vorteile des digitalen Lesens (besonders die Verfügbarkeit von Texten unabhängig von ihrer physischen Präsenz, die Hypertextstruktur sowie die Zusatzfunktionen wie Nachschlagen oder Markieren) nutzbar gemacht werden können:
- moderne Lesegeräte ohne Hintergrundbeleuchtung einsetzen (wie etwa *Paperwhite* von Amazons Kindle-Umgebung),
- *Switching* nicht nur zulassen, sondern durch einen Mix aus analoger und digitaler Arbeit aktiv fördern, weil so Metakognition aktiviert wird,
- die Aufmerksamkeitskontrolle einüben und Ablenkung bewusst wahrnehmen,
- Methoden zur Lesestrukturierung digitaler Texte kennen und anwenden lernen,
- sich eigene Ziele beim Lesen setzen sowie Prognosen über den eigenen Kompetenzaufbau vornehmen (vgl. dazu Wampfler, 2014, S. 122 ff.).

Ist hier eine praktische Umsetzung empirischer Untersuchungen wichtig, so ist das auch beim abschließenden Konzept dieses Abschnitts der Fall: dem *Deep Reading*. Damit ist eine Versenkung bei der Lektüre gemeint, ein Prozess, bei dem nicht nur ein Verständnis des Textes entsteht, sondern darüber hinaus Schlüsse aus dem Text gezogen und Analogien gebildet werden sowie Kritik, Reflexion und Einfälle möglich werden. *Deep Reading* bezeichnet somit den Punkt, an dem eine produktive Auseinandersetzung mit einem Text ansetzt, lesende Subjekte also eigene Ideen entwickeln. In diesem Moment ist das Gehirn so aktiv wie nur möglich (Wolf/Barzillai, 2009, S. 33).

Maryanne Wolf hat dieses bedeutende Konzept hinsichtlich seiner digitalen Realisierung untersucht. Sie ortet aufgrund der aufgebrochenen Linearität von digitalen und multimedialen Texten ein großes Potenzial, weil sie für die Erschließung mehrere Zugänge anbieten. Gleichzeitig konstatiert sie eine starke Gefahr der Ablenkung (ebd., S. 35). Auch Wolf kommt zum Schluss, die relevanten Techniken müssten explizit unterrichtet und eingesetzt werden. Sie erwähnt besonders die Stärken von *Scaffolding*, also das Bereitstellen von Orientierungshilfen und Denkanstößen bei der Lektüre. So regt sie an, Jugendliche beim Lesen mit Hinweisen und Fragen zum Text zu unterstützen oder digitales Lesen per *WebQuests* mit konkreten Anweisungen zu begleiten, die Pausen und Metakognition ermöglichen.

Während Wolf einräumt, dass es Möglichkeiten zum Training von *Deep Reading* in Online-Texten gibt, plädiert sie gleichzeitig dafür, die eingeübte und gut untersuchte Kulturtechnik des Lesens von gedruckten Texten nicht vorschnell zu verabschieden:

> Niemand weiß wirklich, welche Leseschaltungen in einem jungen, digitalen und lektürevertieften Hirn entstehen. Aber wir wissen, was bei einem jungen Hirn abläuft, das sich mit Print-Texten beschäftigt. Bis genügend Belege eine entsprechende Diskussionsgrundlage schaffen, sollte man nicht davon ausgehen, dass etwas die einzigartigen Beiträge des Lesens gedruckter Texte für die Entwicklung langsamer und konstruktiver kognitiver Prozesse ersetzen kann, die Kinder einladen, ihre eigenen Welten zu erzeugen [...]. Deshalb dürfen wir, zusätzlich zur Aufforderung, digitales Lesen mit geeigneten Techniken zu vertiefen, die erste Lesefertigkeit der Menschheit nicht ignorieren, die wirksames Deep Reading erzeugt. (Wolf/Barzillai, 2009, S. 37, übers. von Ph. W.)

Diese Perspektive kann ins Programm eines digitalen Deutschunterrichts aufgenommen werden: Er ersetzt bewährte Techniken nicht, sondern ist an neuen interessiert und erprobt sie geleitet von sorgfältig umgesetzten Hinweisen aus der Forschung.

Unterricht hacken – der Umgang mit rechtlichen Bedenken

Viele Ideen in diesem Kapitel führen zu einem Unterricht, der herkömmliche Vorstellungen hinterfragt und unterläuft. Versteht man unter Hacken den spielerischen Umgang mit Rahmenmöglichkeiten, das Ausloten von neuen Möglichkeiten in gegebenen Systemen, dann ist digitaler Deutschunterricht zu einem gewissen Teil ein gehackter Unterricht – nicht aus Lust am Ungehorsam, sondern aufgrund einer stärkeren Ausrichtung am Lernprozess. Die digitale Kommunikation ist dabei die Bedingung der Möglichkeit dieser Neuausrichtung. Sie ist nicht Selbstzweck, sondern dient der Individualisierung, der Interaktion, der Ausrichtung an den 4 K.

Eine Loslösung von etablierten Vorgaben und Traditionen führt zu einem Verlust von Sicherheit. Dieser zeigt sich besonders stark bei rechtlichen Rahmenbedingungen des Unterrichts. Der Diskurs über digitale Bildung – das zeigte auch die Einleitung – hat schon immer viele Ressourcen für eine Auseinandersetzung mit den rechtlichen Möglichkeiten und Einschränkungen aufgewendet. Die hier entwickelte Vorstellung von digitalem Deutschunterricht orientiert sich nicht an rechtlichen Vorstellungen, sondern am Lernprozess. Damit ist nicht impliziert, dass Lehrpersonen illegal agieren sollten. Vielmehr sollen kreative Lösungen dabei helfen, Projekte im Sinne der Gesetzgebung umzusetzen.

Das lässt sich an zwei Beispielen verdeutlichen: Unklarheiten in Bezug auf die Lizenzierung von urheber- und nutzungsrechtlich geschützten Texten und Bildern können weder im Deutschunterricht aufgelöst werden, noch dürfen sie die zielgerichtete Lehrtätigkeit hemmen: Im Zweifelsfall werden also Texte wie der *Werther* und *Fräulein Else* behandelt (vgl. die beiden Projekte dazu im nächsten Kapitel), bei deren Bearbeitung solche Probleme nicht auftauchen können. Alternativ werden selbst erstellte Inhalte verwendet, um rechtliche Probleme zu vermeiden. Ähnlich gehen digital arbeitende Lehrkräfte mit persönlichen Daten um: Für die Arbeit mit Social-Media-Tools legen Schülerinnen und Schüler nicht Profile an, die mit ihrer Person verbunden sind, sondern erfinden Figuren – wie etwa Fräulein Else – aus deren Perspektive sie im Unterricht die Kanäle füllen. Möglich sind auch Klassenkonten, die nicht einmal einer Schule zugewiesen werden müssen: Der *Blog der 7a* dokumentiert das Unterrichtsgeschehen, ohne Außenstehenden mitzuteilen, wo sich diese Klasse befindet und wer dazugehört.

Diese Hinweise sollen nicht verhindern, dass Auseinandersetzungen mit rechtlichen Konzepten im Deutschunterricht eine Rolle spielen. Gerade das Urheberrecht gäbe etwa im Kontext von Lerneinheiten zur Zeit der Aufklärung viel für einen historischen Vergleich her. Auch der Umgang mit persönlichen Daten führt bei der Lektüre dystopischer Romane wie Juli Zehs *Corpus Delicti* oder Ernst Jüngers *Gläserne Bienen* zu gewinnbringenden Fragestellungen. Letztlich hat die Digitalisierung aber durch ihre Möglichkeit der aufwandlosen Kopie und des vereinfachten Remixes etablierte rechtliche Konzepte verkompliziert und nach der Meinung einiger Aktivistinnen und Aktivisten in der Netzszene infrage gestellt. Wer hier sämtliche Schattierungen respektieren will, verzichtet im Unterricht mit Vorteil auf die digitale Arbeit – darf sich aber nicht einbilden, das habe für die Entwicklung der Lernenden und ihre beruflichen Qualifikationen keine Konsequenzen. Der gehackte Unterricht ist ein Kompromiss, der diesbezüglich einen hohen Wert hat – aber das Leben für Lehrkräfte nicht einfacher macht.

3. Projekte und Unterrichtsideen

> Mit dem Experimentieren beginnen! Hands on! Auch auf die Gefahr hin, dass man alles Bekannte über den Haufen werfen muss und dabei in Zustände gerät, in denen die alten Orientierungsmuster für Kunst und Leben abhandenkommen, ohne gleich durch neue ersetzt zu werden. Auch das kann man lernen […]: dass sich das Auflösen der bekannten Zusammenhänge für produktive Schübe nutzen lässt. […] Es geht um die Frage, wie man das, was als Nächstes kommt, gestalten kann.
> *Stephan Porombka, 2012, S. 13*

Die Person hinter dem einleitenden Zitat, Stephan Porombka, ist ein guter Fokus für den praktischen Teil dieses Buches. Der Berliner Professor nutzt Social Media für einen kreativen, überraschenden und provokanten Umgang mit seinem Beruf. Analoge Bücher wie auch Selbstporträts verfremdet er: So sieht man ihn beispielsweise mit einer Bohrmaschine drei Bücher durchbohren – die Illustration steht über seiner »Professor-Praxis«-Kolumne in *Zeit Campus*. Ihre Aussage: Im akademischen Betrieb müsse man »drei dünne Bretter bohren und behaupten, es sei ein dickes« (Porombka, 2016). Die Bildmontagen stehen durch seine Texte in einem akademischen Kontext, es sind Kommentare zu seiner Lehrtätigkeit, die oft auch Beobachtungen zu den Moden und Gepflogenheiten der digitalen Kultur unter Studierenden und Lehrenden enthalten. Porombka versteht sich als Arbeiter an einer Schnittstelle.

> Ich habe grundsätzlich ein Verständnis von Universität, das keine genauen Grenzen kennt, zwischen mir und der Institution. Aber nicht im bösen

Sinne, dass die mich auffrisst, sondern eher dass sie Teil meines Lebens ist. Ich mache experimentelle Gegenwartskulturwissenschaften. Ich bin Forscher, bin aber zugleich mein Medium, ich beobachte mich selbst und beobachte andere. Von daher gibt es keine feste Grenze. (Porombka, 2015)

Im hier zitierten Interview sagt der Professor auch, er habe sich Ameisen auf den Arm tätowieren lassen, weil der Ameisenforscher Forel sie als Symbol dafür verstanden hat, dass alle Menschen an etwas Größerem arbeiten, ohne davon zu wissen: »So ist es ja auch mit Twitter als Kulturphänomen oder Artikeln, die Sie schreiben. Wir schreiben alle an einem großen Text und das ist die Arbeit.« (Porombka, 2015)

Geiler gehts nicht: Bookpiercing ist Trend in Berliner Clubs.

Abb. 7: Tweet von Stephan Porombka, 10. Juni 2016

Porombka schafft einen Kontrast zwischen der Lockerheit seiner Kommunikation auf Twitter und in seinen Kolumnen und seinem ernsthaften Anliegen, Kultur durch produktive Auseinandersetzung zu erschließen und die Konsequenzen zu analysieren. Die Instagram-Filter, so ein Beispiel für eine dieser Analysen, führten dazu, dass immer mehr Menschen als Hochstaplerinnen und Hochstapler aufträten, dass Betrug gesellschaftsfähig werde. So verliere die »Wirklichkeit« an Bedeutung (Schulz, 2016).

Es ist unsinnig, Porombka zu imitieren. Sein Platz ist eine künstlerische Hochschule, sein Forum das Feuilleton und Twitter. Lehrkräfte oder Schülerinnen und Schüler können sich von ihm aber inspirieren lassen: Dazu, die künstlerischen Möglichkeiten digitaler Medien produktiv zu verstehen, sie nicht als Mittel zu sehen, mit denen sich analoge Lehr- und Lerntechniken effizienter gestalten lassen, sondern als Werkzeuge, die Neues hervorbringen können und einen veränderten Blick auf Altes erzeugen. Social Media einzusetzen, um zu verstehen, wie sie funktionieren, welche Effekte sie hervorbringen können und welche nicht: Dafür steht Porombka – gleichsam als Garantie, dass Möglichkeiten da sind und Anerkennung dafür zu finden ist.

Der folgende zentrale Teil des Buches kann das nicht leisten. Er sammelt lediglich Ideen, wie digitaler Deutschunterricht konkret aussehen könnte. Die Projekte und Unterrichtsideen versuchen, digitale Werkzeuge und Inhalte aufeinander abzustimmen. Vollständigkeit ist nicht beabsichtigt: Lehrerinnen und Lehrer, die sich damit auseinandersetzen, werden schnell Lust auf eigene Ideen und ihre Umsetzung bekommen. Das ist auch nötig: Das Verfassen von Büchern wie diesem kann mit der Geschwindigkeit der Digitalisierung kaum Schritt halten. Zeitgemäße Projekte werden im Netz dokumentiert und in einem Austausch zwischen interessierten Lehrkräften verfeinert und erprobt.

Die Ideen wurden mit eher älteren Schülerinnen und Schülern an einem Gymnasium umgesetzt. Viele Ansätze lassen sich auch auf anderen Schulstufen problemlos anbieten, müssen aber gegebenenfalls adaptiert werden. Sie sind in eine lose Reihenfolge gebracht: Die wichtigeren, aber auch radikaleren Vorschläge finden sich am Anfang, Umsetzungen von herkömmlichen Methoden in ein digitales Setting eher am Schluss.

Aufbau einer Persönlichen Lernumgebung

Persönliche Lernumgebungen (PLE, englisch *Personal Learning Environment*) umfassen die Netzwerke, in denen Lernende Fragen stellen und beantworten. Sie bauen darin Beziehungen zu anderen Lernenden und Fachleuten auf und betreiben eine Art *Learning Out Loud:* In Analogie zum Konzept des *Working Out Loud* von John Stepper (vgl. Adler 2015) geht es darum, die eigene Arbeit sichtbar zu machen, sie zu verbessern, anderen Hilfe anzubieten, sich breit und interdisziplinär zu vernetzen und gezielte Kollaboration zu betreiben. Social Media sind dafür das geeignete Medium, weil sie diese Prozesse vereinfachen und es jeder Person erlauben, in ihrer Nische ein Publikum zu finden. Fachleute wie Stepper sind der Ansicht, dass *Working Out Loud* für Berufstätige von entscheidender Bedeutung ist.

Schülerinnen und Schüler entwickeln diese fünf Kompetenzen im Klassenunterricht in der Regel selbstständig. Bei Prüfungsvorbereitungen lässt sich beobachten, wie eigene Lernschritte besprochen und verbessert sowie persönliche Ressourcen erschlossen werden, um gemeinsam gute Resultate zu erzielen (nur sind dann die Prüfungen selbst nicht auf diese Kompetenzen ausgerichtet).

Bei der digitalen Umsetzung mangelt es hingegen. Die Gepflogenheiten in Social-Media-Kanälen sind stark ans persönliche Image gebunden. Eifrige Lernerinnen und Lerner können mit ihrer persönlichen Lernumgebung in der Regel kein soziales Kapital anhäufen. Der Deutschunterricht kann hier Hilfestellungen anbieten und über einen längeren Zeitraum zur Pflege von PLEs beitragen (vgl. die Hinweise bei den Materialien zum Aufbau von PLEs).

Die Arbeit an der eigenen PLE können Lernende nur selbst anstoßen. Sie erfolgt aus einer Überzeugung, weil sie informelles Lernen (z. B. über neue Computerspiele oder Schminktipps) genauso umfasst wie formelles oder schulisches. Im Unterricht kann darauf hingewiesen werden, sinnvoll ist auch ein gegenseitiger Austausch zu diesen Lernformen, aber als konkreter Auftrag verfehlt eine PLE ihr Ziel.

Weitaus sinnvoller ist es, Modell-PLEs aufzubauen, indem eine Klasse eine Social-Media-Präsenz modellhaft erstellt. Es ist denkbar, die Betreuung der Konten jeweils wochenweise an Lernpaare zu vergeben (zum Einstieg dürften *Twitter* und *Youtube* ausreichen, vgl. dazu auch den Abschnitt zu *Fräulein Else*, S. 97 ff.), später könnten auch Instagram, Facebook, Pinterest und Snapchat hinzukommen). Die Lernpaare haben dann den Auftrag, die PLE zu pflegen und zu erweitern – abhängig vom aktuellen Unterrichtsthema.

Was bedeutet das konkret? Nehmen wir an, eine Klasse behandelt im Sprachunterricht das grammatische Geschlecht und stellt sich die Frage, wie eine gerechte Sprache auszusehen hätte. Auf Youtube finden sich dazu die Videos des Berliner Professors Anatol Stefanowitsch, der erklärt, weshalb Vorstellungen hinter dem generischen Maskulinum sprachwissenschaftlich nicht haltbar sind. Stefanowitsch unterhält auch je ein deutsch- und englischsprachiges Twitterprofil (*@astefanowitsch* bzw. *@stefanowitsch*). Von dort gelangt man einerseits auf das Profil des sprachwissenschaftlichen Blogs *@sprachlog*, andererseits auf die Webseite *belleslettres.eu,* wo der Schriftsteller und Sachbuchautor Daniel Scholten ausführliche etymologische Analysen und Videotutorials publiziert und Stefanowitsch regelmäßig kritisiert.

Auf dem klasseneigenen Twitter- und Youtube-Profil werden nun wichtige Beiträge markiert und publiziert. Gleichzeitig wird eine Verbindung mit den beteiligten Fachleuten aufgebaut, indem die Konten ihren Kanälen folgen. Kommt bei der Arbeit in der Klasse eine Frage auf, die nicht geklärt werden kann, wird sie z. B. an das Sprachlog-Team weitergeleitet.

So machen die Schülerinnen und Schüler schnell die Erfahrung, dass es im Netz hochwertige Lernmaterialien gibt und dass Fachleute bereit sind, Fragen zu beantworten. In einer nächsten Unterrichtseinheit könnte eine Vernetzung zu einem Verlag, einem Literaturblog oder einer Autorin erfolgen, denkbar ist es auch, den Bachmann-Preis in Klagenfurt via Twitter-Hashtag #tddl und die Übertragung der Lesungen zu verfolgen und sich so mit vielen literaturinteressierten Profilen zu vernetzen. Die Klasse sammelt Ressourcen und hat einen Weg, um auch eigene Inhalte zu publizieren. Dabei muss sich niemand persönlich exponieren, gleichwohl machen alle Erfahrungen, die sie befähigen, eine eigene PLE aufzubauen. Andere hier erwähnte Projekte wie die Arbeit mit einem Blog oder einem Youtube-Kanal lassen sich ohne Probleme in die PLE-Arbeit integrieren.

Digital Informationen suchen und beurteilen lernen

Zu den Aufgaben des Deutschunterrichts gehört es, Schülerinnen und Schüler in Rechercheprozesse einzuführen und sie dabei zu unterstützen. Unter dem Paradigma des Buches als Leitmedium gehören dazu Besuche von Bibliotheken, die Suche in ihren Beständen, der Umgang mit Inhaltsverzeichnissen und Registern und anderen paratextuellen Merkmalen (vgl. dazu Genette, 2001/1987). Die Lösung vom Leitmedium Buch macht Recherchetechniken nicht obsolet. Die Komplexität der Beurteilung von Informationen scheint in einer (post-)digitalen Kultur erhöht, die Anforderungen an Lernende steigen, weil sie über ihr Kulturzugangsgerät mehr Informationen in unterschiedlicheren Kontexten erschließen können, als das im Buchzeitalter möglich war.

Betrachten wir ein Beispiel. Bei der Recherche für einen Podcast zum Film *Metropolis* (Fritz Lang/Thea von Harbou, D 1927) stößt eine Schülerin auf folgende Seiten:
- die Inhaltsangabe und Besprechung von Dieter Wunderlich (2002/2010),
- die Motivzusammenstellung »Android, Cyborg« auf limotee.ch (Knöß, 2016),
- den Wikipedia-Eintrag.

Ihre Aufgabe besteht nun darin, die Verlässlichkeit dieser Quellen einschätzen zu können, die Ansprüche der jeweiligen Texte zu klären sowie ihre Inhalte produktiv weiterzuverarbeiten. Führt das Impressum bei Wunderlich auf eine kurze Biografie, aus der erkennbar wird, dass hier ein interessierter Laie am Werk ist, der sich aber durch das Verfassen mehrerer biografischer Werke ausgezeichnet hat, so ist der Blick hinter die Kulissen bei limotee.ch zum Zeitpunkt des Abschlusses dieses Manuskripts nur über den Umweg zum Artikel von Steiner (2016) möglich. Auch die Autoren hinter dem Wikipedia-Artikel können nur indirekt erschlossen werden. Hinzu kommt, dass die Wunderlich-Rezension, die Links von Knöß auf limotee.ch sowie der Lexikonartikel bei Wikipedia alle einen anderen Anspruch haben. Sie stellen aber Informationen zusammen, die auf dem Weg über eine Bibliothek kaum in dieser Qualität und Aktualität erschlossen werden könnten.

Wie können Schülerinnen und Schüler nun im Deutschunterricht dabei begleitet werden, die nötigen Kompetenzen für die Suche, Beurteilung und Verwendung digitaler Informationen zu erwerben? Die Arbeit muss zyklisch erfolgen, indem die folgenden Elemente immer wieder angeboten und eingeübt werden. Sie sind nicht als Module zu verstehen, sondern ergänzen einander in wachsender Komplexität.

1. *Suchfunktionen ausprobieren und reflektieren*
   Smartphones tendieren zu einem Minimalismus, der dazu führt, dass die Verwendung von Suchfunktionen etwa bei geräteinternen Abfragen oder auch im Netz zunehmend unsichtbar gemacht wird. So steckt hinter der Apple-Assistenzfunktion »Siri« genauso eine Suchfunktion wie bei der Eingabe von Begriffen ins Universaleingabefeld bei Browsern.
   Die verwendeten Prinzipien sind für Laien kaum zu durchschauen. Deshalb ist es nötig, immer wieder mit den Suchfunktionen zu experi-

mentieren, Alternativen zu vergleichen. Zu erwähnen sind etwa Kindersuchmaschinen wie *fragfinn.de* oder Google-Alternativen wie *Qwant.com* oder *duckduckgo.com*. Kindersuchmaschinen ermöglichen insbesondere jüngeren Schülerinnen und Schülern eine sinnvolle didaktische Reduktion und vermeiden so das Problem des Informationsüberflusses. Allerdings ist damit auch die Frustration verbunden, dass Google mehr und aktuellere Ergebnisse zeigt.

2. *Suche im Unterricht einsetzen*
Lernende sollen regelmäßig nach Informationen suchen. Das kann in jede Unterrichtseinheit eingebaut werden. Dabei werden sie aufgefordert, bestimmte Suchaufgaben zu lösen und die Ergebnisse in Gruppen oder in der Klasse zu vergleichen. Dabei wächst das Bewusstsein, dass Suchdurchläufe zu unterschiedlichen Ergebnissen führen können, dass nicht alle Informationen im Netz zuverlässig sind und dass sie deshalb geprüft werden müssen.

3. *Suchalgorithmen thematisieren*
Wie sucht Google? Nach welchen Kriterien erscheinen Seiten oben oder unten bei einer Abfrage? Wann ändert Google den Algorithmus? Was ist SEO, wie reagiert Google darauf? Welchen Einfluss haben die Suchvorschläge auf die Informationssuche? Diese Fragen sind in einer Informationsgesellschaft von eminenter Bedeutung (vgl. Jobin, 2013) und müssen parallel zum Einsatz der Suchfunktion im Deutschunterricht zum Einsatz kommen. Es handelt sich um denkbare Forschungsfragen, die mit Recherche durch die Schülerinnen und Schüler bearbeitet werden können.

4. *Geeignete Portale für den Deutschunterricht kennenlernen*
Seiten wie die von Dieter Wunderlich oder Gerald Knöß gehören auf Listen wie sie etwa digithek.ch anbietet: digithek.ch/faecher/deutsch. In diese Listen können Schülerinnen und Schüler schrittweise eingeführt werden. Zu wissen, dass es den Duden als Online-Werkzeug gibt oder dass das Grimm'sche Wörterbuch online abrufbar ist, ist in unterschiedlichen Phasen des Deutschunterrichts von großer Bedeutung. Diese Fachportale bieten eine Orientierung an, mit der andere Informationen abgeglichen und beurteilt werden können.

5. *Informationen über die Persönliche Lernumgebung beschaffen*
Ist eine PLE eingeführt (vgl. S. 71 ff.), dann wird es über die so aufgebauten professionellen Beziehungen möglich, Einschätzungen von Informationen zu erhalten oder direkt eine Art Suche durchzuführen: »Wer weiß, wo man eine gute Inhaltsangabe zu *Metropolis* findet?« Das ist nicht die Aufforderung, Fachleute mit Schulaufgaben zu beauftragen, sondern Gewährsleute beizuziehen, wenn die Orientierung im Umgang mit Informationen schwerfällt.

6. *Digitale Kriterien*
Wikibu.ch stellt Kriterien für die Überprüfung von Wikipedia-Artikeln zur Verfügung, mit denen auch ein Score ermittelt wird. Relevant sind die Anzahl der Besucherinnen und Besucher, Autorinnen und Autoren, Verweise und der Anteil an Quellenangaben. Die Übung mit diesem Tool führt zu einer Vertrautheit mit diesen Kriterien, die sich für andere Webseiten gut einsetzen lassen, wenn die nötigen Informationen dazu zugänglich sind.

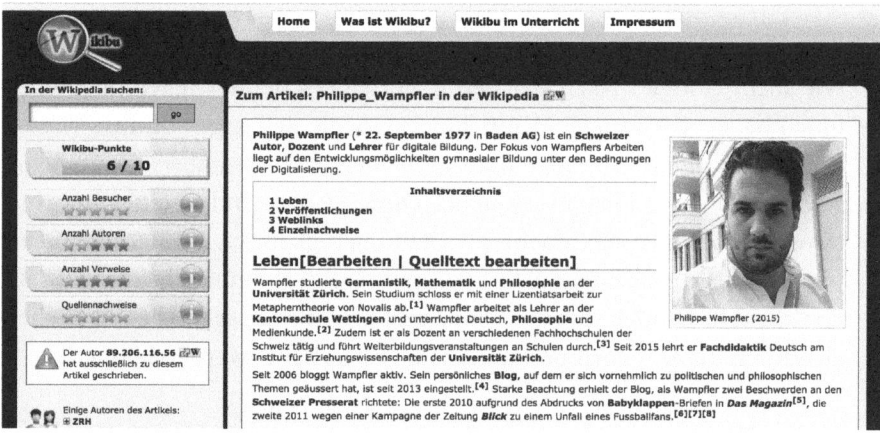

Abb. 8: Qualitätsprüfung mit wikibu.ch

Dialogisch Lernen mit digitalen Hilfsmitteln

Im Abschnitt zu Bewertungen (S. 57 ff.) wurde das Konzept des dialogischen Lernens von Ruf/Gallin (2005/2011) vorgestellt. Es ist für den digitalen Deutschunterricht deshalb wesentlich, weil digitale Aktivitäten mit Präsenzunterricht gekoppelt werden können. Betreibt eine Klasse während einer

Unterrichtseinheit etwa eine PLE, einen Blog oder ein Twitterkonto, dann finden Lehrkräfte dort eine Reihe von Hinweisen zu den Interessen der Klasse, zu Lernschwierigkeiten, Kontroversen, Verweise auf Quellen und andere Lernprodukte – ein Fundus an Hinweisen über die Lernprozesse der Schülerinnen und Schüler kann erschlossen werden.

Diese dialogische Technik lässt sich aber mit den zur Verfügung stehenden digitalen Tools auch kleinräumiger umsetzen. Denkbar sind etwa folgende Möglichkeiten:
- Die Lernenden geben eine Frage, die sie in Bezug auf einen gelesenen Abschnitt einer Ganzschrift interessiert, in ein digitales Formular ein (Google Docs oder Office 365 bieten solche Möglichkeiten an). Das kann problemlos anonym und ohne entsprechende Konten geschehen. Die Links zu den Formularen können mit Kurzlinks (vgl. phwa.ch/prettylink) auch an die Wandtafel geschrieben werden.

    Auf diese Weise entsteht ein bestimmter Druck, die Abschnitte zu lesen. Gleichzeitig kann die Diskussion im Unterricht aber direkt an die echten Fragen der Lernenden anschließen.
- Ähnlich kann in der Präsenzveranstaltung *Socrative* (socrative.com) genutzt werden, ein Tool, bei dem über das Smartphone Fragen beantwortet werden können. Geeignete Inputs müssen nicht digital aufbereitet werden, sondern können auch mündlich formuliert werden. Die Klasse kann dann beispielsweise abstimmen, ein Quiz beantworten, Stimmungsbilder erzeugen oder auch Begriffe eingeben, die für sie unklar, interessant etc. sind. Auch hier ergibt sich eine Materialsammlung, die hilfreich ist, um den Fortgang des Unterrichts zu planen.
- Etwas elaborierter sind offene Schreibaufträge für Blogs, bei denen Lernende aufgefordert werden, kleine Übungen durchzuführen: ein Bild zu beschreiben, einen Kurzfilm zu rezensieren, ein Argument zu formulieren. Geschieht das zuhause digital, dann kann der Präsenzunterricht direkt Bezug auf die Arbeiten der Lernenden nehmen.
- Auch die reine Lektüre von E-Books liefert Daten, welche für die Planung wertvoll sind. Man denke nur an die Möglichkeit, unklare Wörter nachzuschlagen oder wichtige Stellen zu markieren. Kann eine Lehrperson auf diese Informationen zugreifen (im Moment müssen sie zuerst über Drittprogramme wie *clippings.io* exportiert werden), so wird die Planung von Wortschatzaufgaben oder die Diskussion schwieriger Passagen deutlich leichter.

Die konkreten technischen Umsetzungen sind nicht besonders wichtig. Entscheidender ist das Verhältnis zwischen individueller oder kollaborativer Lernarbeit und dem Präsenzunterricht: Dieser dient als eine Klärung oder als Austausch dessen, was in digitalen Lernphasen erarbeitet worden ist. Dadurch ist er besser auf die Interessen und Bedürfnisse der Schülerinnen und Schüler abgestimmt.

Wikipedia-Einträge verbessern

Wikipedia ist als Lexikon für die Schule fast unentbehrlich geworden. Kritische Stimmen, welche monieren, hier würden falsche oder oberflächliche Informationen gesammelt, sind verstummt – im Gegensatz zu denen, welche ihr ideologische Einseitigkeit vorwerfen: So hieß es in der *Welt* 2015, Wikipedia sei eine »sexistische Männerwelt« (Stein, 2015). Wie die Enzyklopädie funktioniert und was an solchen Vorwürfen dran ist, versteht aber nur, wer sich daran beteiligt:

> Jedenfalls ist nicht einzusehen, dass das im Schulunterricht erarbeitete Wissen immer in der Schublade verschwindet. Warum das intellektuelle Kapital nicht einmal professionell aufbereiten und es gleichsam reinvestieren in eine kollektive Bildungsinstitution, von der grundsätzlich alle deutschsprachigen Benutzerinnen profitieren können? (Knaus, 2013, S. 128)

Eine aktive Mitarbeit ist nicht nur eine einzigartige Möglichkeit, ein Lexikon selbst zu gestalten und die Relevanz des erarbeiteten Wissens zu erfahren, sondern vor allem mit zwei Lerneffekten verbunden:
1. Es wird sichtbar, was Kollaboration bedeutet. Wikipedia hält keine Möglichkeit bereit, eigene Beiträge gegen Überarbeitungen oder Löschungen zu sichern – sie können von allen anderen Usern verändert werden, wenn diese dafür gute Gründe haben.
2. Die Qualitätskontrolle von Wikipedia wird erlebbar. Wie werden Veränderungen gesichtet? Was zeichnet User mit mehr Rechten aus? Wie werden Entscheidungen gefällt, wie Privilegien vergeben? Welchen Status haben Quellen? Was bedeuten die Relevanzkriterien von Wikipedia genau?

Beat Knaus hat über den Einsatz von Wikis im gymnasialen Deutschunterricht ein Buchkapitel geschrieben. Er schlägt den Einsatz von klasseninternen Wikis für Lerntagebücher sowie Peer-Feedback in der Schreibdidaktik (vgl. dazu S. 86f.) vor. Daraus entstehende fertige Texte können dann mit ähnlichen Verfahren im Netz publiziert werden. Knaus schreibt über den besonderen Wert der Schreiberfahrung im Wiki-Kontext:

> Mit Wiki wird die Vision eines verflüssigten Textes Wirklichkeit: Anstelle des erratischen Blocks, der im einmaligen Akt der manuellen Textschöpfung scheinbar vom Himmel fällt, tritt eine Textform, die von allem Anfang an als Halbfertigprodukt, mithin in ihrer Überholungsbedürftigkeit erkennbar ist. So wird ein prozessorientiertes Schreibverfahren, das in der Deutschdidaktik postuliert wird, durch die Wahl des Mediums gleichsam von selbst institutionalisiert. (Knaus, 2013, S. 118)

Ein sinnvoller Einstieg in diese Welt ist das Überarbeiten, Ergänzen und Verbessern von Wikipedia-Artikeln. Themen zu finden, die in der Wikipedia noch nicht abgedeckt sind, ist kaum möglich. Oft resultiert daraus ein Streit um Relevanzkriterien (vgl. de.wikipedia.org/wiki/Wikipedia:Relevanzkriterien). Diese legen fest, wann es in der deutschsprachigen Wikipedia angebracht ist, einen Artikel zu eröffnen. Anders als die englischsprachige Wikipedia verwendet die deutschsprachige einen engen Relevanzansatz, bei dem Themen hohe Hürden nehmen müssen, um in einem Artikel abgedeckt werden zu können.

Artikel zu finden, die verändert werden könnten, ist meist recht einfach: Man denke nur an Biografien von Personen, gelesene Texte oder gesehene Filme. Viele dieser Einträge wurden eine Weile nicht mehr aktualisiert, können mit Links versehen, ausgebaut oder gekürzt, stilistisch überarbeitet werden. Wikipedia lädt zur Mitarbeit ein. In einem Artikel, der sich direkt an Schülerinnen und Schüler wendet, heißt es:

> Ja, neue Autoren sind sehr willkommen. Aber bevor du etwas schreibst, lies zuerst die Regeln der Wikipedia unter de.wikipedia.org/wiki/Wikipedia:Autorenportal. Es macht Spaß, an einer Enzyklopädie mitzuschreiben. Und du lernst Menschen kennen, die sich für dein Fach oder Hobby interessieren. Auch das Verbessern von Rechtschreib- und anderen Feh-

lern ist willkommen; es gibt bestimmt Möglichkeiten, genau deine Talente einzusetzen. (phwa.ch/wikisus)

Bevor eine Lehrperson mit einer Klasse Wikipedia bearbeitet, empfehlen sich eigene Erfahrungen, die ebenfalls durch die Tätigkeit als Wikipedia-Editor erworben werden können. Hier eine Liste mit Kompetenzen, welche die Arbeit erleichtern:
1. Vertrautheit mit dem Editor von Wikipedia (Setzen von Links, Titelauszeichnung, Fußnoten, Umgang mit Literaturangaben und Zitaten etc.)
2. Durchführen von Versionenvergleichen, um Veränderungen bei einem Artikel nachverfolgen zu können
3. Bewusstsein für das Wikipedia-Verständnis von Relevanz und enzyklopädischer Bedeutung
4. Verständnis der relevanten Lizenzen für Bilder und Zitate

−	Der Wasserverkäufer Wang versucht verzweifelt, eine Unterkunft für die Götter zu finden, doch überall wird er zurückgewiesen, erst bei der Prostituierten »Shen Te« werden die drei Götter fündig. Sie nimmt persönliche Nachteile in Kauf, um anderen zu helfen, und bietet den drei Göttern ein Nachtquartier. Als sie am nächsten Morgen von ihren großen Geldsorgen berichtet, bezahlen die Götter für ihr Nachtquartier ein kleines Vermögen. Mit diesem ersteht Shen Te einen kleinen Tabakladen, um nicht mehr der Prostitution nachgehen zu müssen.	+	Drei Götter wollen in der chinesischen Provinz [[Sichuan	Sezuan]] beweisen, dass auch gute Menschen auf der Erde leben.
−	Als Gegenleistung für das kleine Vermögen verspricht Shen Te den Göttern, sich in Zukunft nur noch redlich und gut zu verhalten, was sich allerdings in der kapitalistischen Gesellschaft zunehmend als schwierig herausstellt, da ihr selbstloses Engagement für die Armen und Vernachlässigten sehr schnell sämtliche finanzielle Reserven aufbraucht und schließlich fast zum Verlust des Tabakladens führt.	+	Der Wasserverkäufer Wang, der als Einziger die Götter erkennt, sucht verzweifelt eine Unterkunft für sie. Er wird erst bei der Prostituierten Shen Te fündig. Als sie von ihren Geldsorgen berichtet, bezahlen die Götter für ihr Nachtquartier ein kleines Vermögen. Mit diesem ersteht Shen Te einen Tabakladen und verspricht den Göttern, sich nur noch gut zu verhalten.
−	Um dem Anspruch der Götter, »gut zu sein und doch zu leben«, gerecht zu werden, schlüpft sie in die Rolle ihres imaginären Vetters »Shui Ta«, um durch Rücksichtslosigkeit ihre Existenz zu retten und als Shen Te weiterhin helfen zu können. Als sie jedoch abermals um ihre Existenz betrogen und zugleich schwanger wird, setzt sie im Interesse des ungeborenen Kindes wieder die Maske des Shui Ta auf und baut mit ausbeuterischen Methoden eine florierende Tabakfabrik auf. Als Shen Te monatelang nicht mehr auftaucht, wird vermutet, Shui Ta habe sie umgebracht.	+	Shen Te bietet zunehmend mehr Leuten in Not Unterschlupf, die sie ausnutzen. Schulden häufen sich an. In der Rolle des rücksichtslosen Vetters Shui Ta vertreibt Shen Te Schmarotzer. Die Miete ist allerdings immer noch ausstehend und man rät ihr, deswegen einen vermögenden Mann zu heiraten.

Abb. 9: Versionenvergleich am Beispiel von Brecht: *Der gute Mensch von Sezuan*

Will man mit einer Klasse Wikipedia-Einträge bearbeiten, müssen Grundwerte dieser Arbeit sowie ein grundlegendes Verständnis von wissenschaftlicher Arbeitsweise vorhanden sein (vgl. Knaus, 2013, S. 128 f.) Hilfreich sind dabei auch die Unterrichtsmaterialien von *wikibu.ch,* einem Portal, das die Bewertung von Wikipedia-Artikeln nach bestimmten Kriterien zulässt (vgl. *wikibu.ch/unterricht.php).*

Folgende Zugänge bieten sich im Deutschunterricht für die Verbesserung von Wikipedia-Artikeln an:

Abschluss eines Themenblocks

Hat eine Klasse einen Text gelesen, sich mit einer literaturgeschichtlichen Epoche beschäftigt oder ein linguistisches Thema bearbeitet, kann im Sinne einer Resultatsicherung eine Prüfung der relevanten Wikipedia-Einträge durchgeführt werden.

Folgendes Vorgehen bietet sich an:
- Aufteilung der relevanten Artikel (oder ihrer Abschnitte) an Gruppen
- Lektüre, Korrektur und Überarbeitung in einer Entwurfsversion in einem kollaborativen Texteditor; denkbar sind als Aufträge:
   a) Ergänzung von Informationen
   b) Löschung von redundanten oder irrelevanten Informationen
   c) sprachliche Straffung/Verbesserung
   d) Hinzufügen von Links, Literaturangaben, Zitaten etc.
- Vorstellen der Veränderungen in Gruppen oder im Plenum
- (Peer-)Feedbackrunde
- Erstellen eines oder mehrerer Benutzerkonten (Vorteil: Die eigenen Änderungen können besser nachvollzogen werden, für spätere Veränderungen kann so Glaubwürdigkeit aufgebaut werden); Knaus empfiehlt ein einziges Klassenkonto, damit die Wikipedia-Verantwortlichen einen einheitlichen Ansprechpartner haben (2013, S. 129, Fn. 35)
- Übertragen der definitiven Veränderungen in einem Schritt in den Wikipedia-Artikel, Vermerken der Änderungen
- Nachvollziehen der Wikipedia-Reaktionen auf die eigene Arbeit

Individuelle Arbeit

Zu einem Referat, einer Vertiefungsarbeit oder einer persönlichen Lektüre gehört die Überarbeitung des Wikipedia-Eintrags (mögliche Schritte analog wie bei der Arbeit in Gruppen).

Vergleich mit anderen Lexikoneinträgen

Bei fortgeschrittenen Klassen ist im Literaturunterricht ein Vergleich zwischen den Kindler-Einträgen und dem Wikipedia-Artikel denkbar. Ein sinnvoller Vergleichspunkt sind auch die Inhaltsangaben und Besprechungen bei Dieter Wunderlich oder in den Kommentaren der schulorientierten Sekundärliteratur. Sprachwissenschaftliche Themen lassen sich mit anderen Lexikoneinträgen vergleichen, gerade auch Schülerlexika eignen sich gut, um zu erkennen, wie differenziert einige Wikipedia-Artikel sind.

Auch in der Vorbereitung auf Abitur- oder Maturprüfungen kann der Auftrag, gruppenweise relevante Artikel zu vergleichen, einem eigenständigen Verständnis der Werke förderlich sein.

In einem zweiten Schritt verbessern die Schülerinnen und Schüler die Wikipedia-Artikel wie oben diskutiert.

Themenblock: Ist Wikipedia eine sinnvolle Informationsquelle?

Als Themen für Diskussionen, Recherchen oder Referate bieten sich an:
- Das Konzept der »Weisheit der Vielen« von James Surowiecki. Lektüre z. B. *Das Ende der Weisheit der Vielen* (Kreye, 2010)
- Vergleich von Wikipedia mit Brockhaus. Lektüre z. B. *Der Untergang des Lexikons* (Platthaus, 2014)
- Soll Wikipedia in einer Facharbeit zitiert werden? Was spricht dafür, was dagegen? Unter welchen Umständen wäre das denkbar, unter welchen nicht? Lektüre z. B. *Wikipedia für Schüler*, phwa.ch/wikisus
- Die unterschiedlichen Niveaus von Wikipedia: Die Klassen könnten aus dem Bereich von fünf Fächern, die sie im Moment besuchen, einen aktuellen Wikipedia-Artikel lesen und dessen Niveau mit dem ihres Unterrichts vergleichen.

Kollaborative Arbeit an Texten und deren Lesbarkeit

Die digitale Textproduktion verändert zwei wesentliche Aspekte der herkömmlichen Betrachtung von Schreibarbeit:
1. Online-Texte sind im Gegensatz zu gedruckten immer Versionen, immer provisorisch. Texte erscheinen nie fertig, sondern sind flüssig. Sie können jederzeit verändert und verbessert werden.
2. Die Autorinnen oder Autoren können hinter den Texten verschwinden. Gerade in sozialen Netzwerken ist die Zusammenarbeit entscheidend: Kommentarthreads werden nicht von einer Person verfasst, sondern von vielen: Wikipedia-Artikel, Blogeinträge in Gruppenblogs oder Texte in Etherpads sind das Produkt einer Gruppe. Diese Arbeit ist im angelsächsischen Kulturbetrieb – man denke an Autorenserien – sehr verbreitet und löst eine Zuschreibung kultureller Werte an genialische Individuen auf.

Überarbeitung und Zusammenarbeit werden wichtiger. Digitales Schreiben löst ein, was eine prozessorientierte Schreibdidaktik als Konzept schon länger formuliert hat:

> Schreiben ist ein komplexer Prozess, in dem fortlaufend inhaltliche, kommunikative, sprachliche Probleme gelöst und Entscheidungen getroffen werden müssen. Schreibförderung heißt demzufolge, Lernende darin zu unterstützen, die dem Schreibprozess innewohnenden Probleme bewusst wahrzunehmen, sie anzunehmen und produktiv zu bearbeiten. (Kruse/Ruhmann, 2006, S. 14)

Die folgende Einheit stellt Ideen vor, wie diese Einsichten im Deutsch- und insbesondere im Schreibunterricht umgesetzt werden können. Technisch sind dafür Textverarbeitungstools erforderlich, die Werkzeuge zur Versionenkontrolle und zur Zusammenarbeit anbieten. Im Folgenden wird von einer *Google-Docs*-Umgebung ausgegangen. Ihre Stärken liegen darin, dass die Überarbeitungs- und Kommentarfunktion intuitiv handhabbar ist und auch für Benutzerinnen und Benutzer ohne Google-Konto zugänglich gemacht werden kann. Diesbezüglich sind aber auch die Etherpads geeignet (empfehlenswert ist besonders das *ZUMpad,* zumpad.zum.de). Sie bieten weniger Komfort, sind aber hinsichtlich des Datenschutzes mit weniger Bedenken verbunden. Auch die Funktionen von *Office365* erlauben es, die hier skizzierten Abläufe im Unterricht produktiv umzusetzen. Die Entscheidung für das Tool muss im Kontext der schulischen Bedingungen gefällt werden.

Wichtig sind im Folgenden auch Statistik-Tools. Urs Henning hat viele davon in einer Webquest aufgelistet (webquests.ch/textanalyseonline.html). In der Regel reicht jedoch das *Textlabor* für viele Aufgaben. Es findet sich unter phwa.ch/schreiblabor und kann folgende Aufgaben erfüllen:
- lange Sätze markieren
- lange Wörter markieren
- Phrasen markieren
- Füllwörter markieren
- Anglizismen markieren
- Lesbarkeitsindices errechnen

Die Einsatzmöglichkeiten werden in den Unterrichtsvorschlägen ab hier dargestellt.

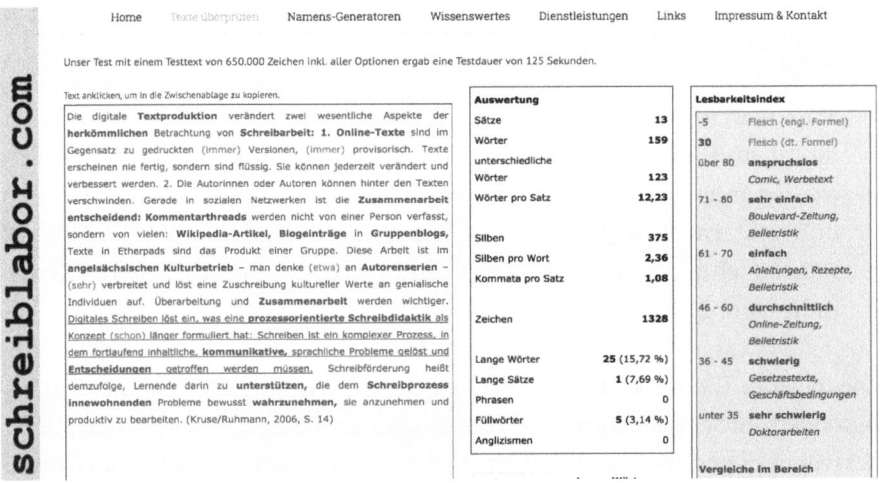

Abb. 10: Screenshot Schreiblabor.com für einen Entwurf dieses Abschnitts

Leichte und einfache Sprache

Aus unterschiedlichen Gründen ist es sinnvoll, Menschen den Umgang mit Texten zu erleichtern. Fachleute verwenden dafür die beiden unterschiedlichen Konzepte »leichte Sprache« und »einfache Sprache«. Ein Verständnis der

Grundprinzipien dieser Normen führt zu sprachwissenschaftlichen Einsichten zum Verständnis von Texten und zur Komplexität sprachlicher Äußerungen. Mögliches Vorgehen im Unterricht:
a) Gruppen informieren sich über die beiden Konzepte und stellen die wichtigsten Punkte vor (z. B. mit dem Dossier zu den Regeln für Leichte Sprache vom Netzwerk Leichte Sprache, 2013, phwa.ch/leichtesprache).
b) Die Schülerinnen und Schüler schreiben einen Text in einer der beiden Formen (denkbar wäre auch die Umschrift eines offiziellen Dokuments).
c) Dafür nutzen Sie ein kollaboratives Tool sowie das Schreiblabor als statistische Unterstützung.
d) In Gruppen werden jeweils zwei andere Texte daraufhin geprüft, ob die Regeln der leichten oder einfachen Sprache eingehalten sind.

Spiel mit dem Lesbarkeitsindex

Im Wikipedia-Artikel zu Lesbarkeitsindizes wird eine für Laien überraschende Einsicht zur Lesbarkeit von Texten formuliert:

> Lesbarkeitsformeln sind in der Forschung weitgehend etabliert. Viele, die sich mit Lesbarkeitsformeln befassen, stellen sich dennoch die Frage, wieso man bei Berücksichtigung nur sehr weniger Kriterien Aufschluss über die Lesbarkeit von Texten erhalten kann. Man hat ja doch leicht den Eindruck, dass Wort- und Satzlänge keine besonders triftigen Kriterien sein sollten. Schaut man sich aber an, mit welchen anderen Kriterien diese beiden genannten – und andere – verknüpft sind, kann man erkennen, dass zwar nur zwei Texteigenschaften direkt gemessen werden, damit aber indirekt eine ganze Reihe anderer ebenfalls berücksichtigt werden. (de.wikipedia.org/wiki/Lesbarkeitsindex, Stand 5.4.2016)

Dazu bietet sich eine Lernlandschaft an. Mögliche Themen:
a) Unterschiede der verschiedenen Formeln theoretisch und praktisch an Texten anwenden: Das Schreiblabor-Tool ermöglicht die Berechnung verschiedener Formeln und bietet dazu auch Erklärungen an.
b) Forschungsauftrag: Was meinen die Wiki-Autoren genau mit: »Wort- und Satzlänge (...) berücksichtigen indirekt eine ganze Reihe andere[r]« Texteigenschaften?

c) Rangliste erstellen: Welche Texte, die im Unterricht gelesen wurden, gelten gemäß den Formeln als einfach, welche als schwer lesbar? Wo finden sich im Internet sehr schwere Texte, wo einfache?
d) Eigenes Schreiben: Versuchen, einen sinnvollen, aber möglichst schwer bzw. leicht lesbaren Text zu schreiben (auch hier erfolgt die Berechnung automatisch mit Schreiblabor).

Ausführliches Peer-Feedback bei der Textproduktion

Urs Hennings Anleitung zum Peer-Feedback kann ohne weiteren Kommentar eingesetzt werden. Dort heißt es zur Funktion dieser Methode:

> Peer-Feedback hilft den Schülern in mehrfacher Hinsicht. Wenn sie mehr schreiben, als die Lehrkraft korrigieren kann, erhalten sie Rückmeldungen von Kolleginnen und Kollegen. In der Rolle des Feedback-Gebenden lernen sie, fremde Texte kritisch zu betrachten. Mit der Zeit werden sie damit fähig, auch zu eigenen Texten eine kritische Distanz einzunehmen. Sie setzen das im Unterricht Gelernte permanent um. Kooperation und Kommunikation über die Cloud werden für sie zu einer Selbstverständlichkeit. (Henning, 2013, phwa.ch/peerfeedback)

Folgt man den Einsichten von Schnetzer, dann eignet sich Peer-Feedback insbesondere dazu, von einer traditionellen Aufsatzlehre hin zu einem prozessorientierten Verständnis von Schreiben zu gelangen (Schnetzer, 2006, S. 208).

Grundsätzlich werden in der konkreten Umsetzung, die Henning ausführlich darlegt, drei Arbeitsschritte bei der Textproduktion getrennt:
a) Entwurf des Textes,
b) Feedback-Phase nach bestimmten Vorgaben (z. B. Rückmeldung zur Wirkung auf die Leserin oder den Leser, zur Struktur des Textes, zu Änderungsvorschlägen, auffälligen oder passenden Stellen, orthographische und grammatikalische Korrektur, Rückmeldung zur Analyse mit dem *Schreiblabor-Tool*),
c) Überarbeitungsphase.

Es empfiehlt sich bei einer allfälligen Bewertung der Texte, die Phasen b) und c) ebenfalls in die Note einfließen zu lassen – eine gute Note kann nur erhalten, wer gehaltvolles Feedback abgibt und den eigenen Text seriös revidiert.

Eine Anleitung in Form eines Handouts, welche die oben erwähnten Schritte ausführlicher und schülergerecht formuliert, findet sich bei Schnetzer (2006, S. 210 ff.).

Für die Arbeit mit Peer-Feedbacks und prozessorientiertem Schreiben eignet sich auch eine Wiki-Umgebung, wie Knaus überzeugend dargelegt hat (vgl. Knaus, 2013, S. 120 ff.).

Gruppen- oder Klassenarbeit an Texten

Als Prüfungs- oder Aufsatz-Vorbereitung kann es sinnvoll sein, in einem gemeinsamen Dokument Überlegungen festzuhalten. Drei Möglichkeiten:
a) Lernende erstellen fortlaufend Protokolle bzw. eine Art Skript zum Unterricht, das als kollaborative Sammlung von Notizen und Materialien und damit als Wissensspeicher dient (vgl. Arn, 2016, S. 76 ff.).
b) Eine bestimmte Textsorte wird anhand einer beispielhaften Aufgabenstellung in Gruppen oder in der ganzen Klasse als Google-Drive-Dokument geschrieben, in dem alle mitschreiben sowie kommentieren können. So entsteht eine Art Musterlösung, welche die Lehrperson kommentieren kann und die dann für die Vorbereitung hilfreich ist.
c) Vor Literaturprüfungen wird kollaborativ eine Zitatesammlung erstellt. Schülerinnen und Schüler wählen Zitate aus und kommentieren ihre Bedeutung (für ein Beispiel vgl. phwa.ch/zitatehorvath).

Sunset: Einen digitalen Text lesen

Das narrative Computerspiel *Sunset* ist ein geeigneter Kandidat für einen digitalen Text, der im gymnasialen Deutschunterricht ab der 10. Klasse erschlossen werden kann (vgl. ausführlicher zu dieser Idee Wampfler 2015). *Sunset* wurde 2015 publiziert. Handelt es sich um ein zum Zeitpunkt des Einsatzes neues Spiel (das im Idealfall in einer Nische angesiedelt ist), treten alle Schülerinnen und Schüler mit ähnlichen Voraussetzungen daran heran. Das Spiel ist über *Steam* für alle verbreiteten Geräte in einer deutschen Version verfügbar (Untertitel und Menus, die Sprachausgabe erfolgt leider nur auf Englisch).

Das belgische Independent-Studio *Tale of Tales* arbeitet rund zehn Jahre am Konzept, das sich einer ähnlichen Idee bedient wie *Gone Home* von *The*

Fullbright Company (2013), welches sich ebenfalls für die Lektüre im Unterricht eignen würde: Die Figur, die von den Spielenden gesteuert wird, entdeckt in einer Wohnung Spuren einer Geschichte, die sich während des Spiels entfaltet. Im Gegensatz zu *Gone Home* spielt sich die Geschichte, welche Angela Burnes, die Perspektivfigur, rezipiert und deutet, während ihrer Aktivitäten im Penthouse von Gabriel Ortega ab. Burnes ist eine afroamerikanische Aktivistin und Ingenieurin, die als Migrantin in das fiktive südamerikanische Land Anchuria gelangt und gezwungen ist, die Wohnung von Ortega zu putzen. Am Bürgerkrieg des Landes ist sie politisch interessiert, obwohl sie ihn während den Reinigungsarbeiten in der Wohnung Ortegas nur vermittelt wahrnimmt. *Sunset* wird so zum Kriegsspiel, bei dem die Spielenden aber lediglich eine Wohnung reinigen, und damit zu einem Bild: Das Zielpublikum, so Auriea Harvey von *Tale of Tales*, lebe ebenfalls in friedlichen Wohnungen, während sich draußen der Krieg abspiele (Dimopoulos, 2015).

Das Penthouse im obersten Stock eines Hochhauses ist im Spiel von großer Bedeutung – die Wohnung ist ein Ersatz für die Interaktionen des Spielers bzw. der von ihm gesteuerten Protagonistin mit anderen Figuren wie Gabriel Ortega oder ihrem Bruder, David Burnes, der in Anchuria als Revolutionär gegen das Regime kämpft. Zu Beginn der Erzählung symbolisiert das Penthouse die Distanz zwischen Angela Burnes und ihrem Auftraggeber Ortega, der mit einem elektronischen Schließsystem bestimmen kann, welche Räume für die Hausangestellte zugänglich sind und welche nicht. Das Gefühl, im Land gefangen zu sein, das die Protagonistin mehrmals äußert, wird im Wohnraum konkretisiert. Gewährt ihr Ortega zunehmend Zugang zu anfangs verschlüsselten Dokumenten und auch zum Kontrollpanel, mit dem sich die Schließmechanismen steuern lassen, entsteht eine engere Beziehung zwischen Burnes und Ortega beziehungsweise zwischen Burnes und der Wohnung; sie wünscht sich schließlich, selbst dort wohnen zu können. In einer späteren Phase werden Kunstobjekte, die Ortega sammelt, in Kisten verpackt – »A crate like this is designed to protect the precious product of humanity«, steht auf einem Zettel dazu, und Angela fragt sich, ob das ähnlich sei wie mit den Rippen, welche das Herz der Menschen schützten. Diese Kisten erschweren den Durchgang durch das anfangs minimalistisch eingerichtete Apartment. An einem Tag fällt der Strom aus, Angela muss die Wohnung durch den Putzraum betreten statt durch den Aufzug, der Pool wird mit abgenutzten Orientteppichen abgedeckt. Die Revolution hält im Penthouse

Einzug. Ihr Erfolg wird mit Konfetti symbolisiert, das Angela vom Dach des Hochhauses streuen muss. Etwas später wartet sie, bis Ortega nach Hause kommt – und verbringt dann eine Nacht mit ihm in seinem Bett, was für den Spieler oder die Spielerin nur dadurch erkennbar ist, dass der nächste Tag statt in der Aufzugskabine im Schlafzimmer Ortegas beginnt. Ortega selbst bekommt man nicht zu Gesicht.

Aufgrund der Bedeutung der Perspektive für den Nachvollzug und die Deutung der Handlung bietet sich ein Vergleich mit Jenny Erpenbecks Erzählung *Wörterbuch* von 2004 an. Der Text wird aus der Ich-Perspektive eines namenlosen Mädchens erzählt. In einer obsessiven Sprachreflexion und Erinnerungsarbeit nähert sich die Erzählerin dem Ursprung ihres Traumas: Ihre Eltern wurden von Mitarbeitern des Geheimdienstoffiziers, in dessen Familie sie als Adoptivtochter lebt, in den Folterkellern des totalitären Regimes ermordet. An Alltagswörtern wie »Milch« entwickelt das Mädchen Mutmaßungen über ihre Vergangenheit und führt die Leserin oder den Leser so in ihre Vorgeschichte ein, die als Rätsel entschlüsselt werden muss – ein Rätsel, dessen Lösung gleichermaßen den Plot wie auch die Sprunghaftigkeit und Brüchigkeit des assoziativen Textes erklären könnte:

Warum hattest du keine Milch für mich, frage ich meine Mutter. Manche Frauen haben viel Milch, andere nun einmal keine, antwortet meine Mutter. An die Brüste der Amme kann ich mich gut entsinnen. (Erpenbeck, 2004, S. 11)

Die literaturdidaktische Absicht hinter der Bearbeitung des Vergleichs von Computerspiel und Erzählung im Unterricht ist eine doppelte: Erstens können durch die Thematik einer Diktatur in Südamerika im Kontrast die Eigenheiten der Perspektivierung und der Lektüreerfahrung erkannt werden, zweitens bietet das Medium Computerspiel für die Werteerziehung den bedeutenden Zusatznutzen, dass Lernende tatsächlich Entscheidungen fällen müssen – was aber bei *Sunset* paradoxerweise kaum ins Gewicht fällt, weil die Entscheidungen anscheinend bedeutungslos sind. Die bei *Sunset* möglichen Entscheidungen beeinflussen den Spielverlauf wenig, sie haben lediglich einen Einfluss auf das Spiel-Erleben. Das kann mit der Dramaturgie und der Aussage des Spiels schlüssig begründet werden, stellt aber eine Herausforderung für die Schülerinnen und Schüler einerseits, für die Werteerziehung andererseits dar. Sie kann durch die Arbeit an einem literarischen Text gemeistert werden. *Sunset* wird durch Jenny Erpenbecks Erzählung *Wörterbuch* ideal ergänzt, weil das Setting der Narrationen und die dazu eingenommene Perspektive weitgehend übereinstimmen, in Bezug auf die Struktur der Erzählung und ihren Sinnhorizont jedoch wesentliche Unterschiede bestehen. So kann *Wörterbuch* als eine rückblickende Parabel gelesen werden, welche das Ende der DDR und die Wiedervereinigung thematisiert, während *Sunset* in einer Metareflexion die Spielenden durch die Steuerung der immigrierten Hausangestellten Angela Burnes zum Bewusstsein führt, dass sie selbst am Computerbildschirm ebenfalls in einer repetitiven, scheinbar sinnlosen Tätigkeit gefangen sind und an den wesentlichen Vorgängen der Welt nur mittelbar teilhaben.

Eine Lernumgebung, in deren Mittelpunkt zwei unterschiedliche literarische Perspektiven auf totalitäre Regimes in Südamerika stehen, ist geeignet, Schülerinnen und Schüler dazu anzuleiten, eine individuelle Wertereflexion diskursiv mit ihrem schulischen Umfeld abzugleichen. Das kann sinnvollerweise auch beiläufig geschehen, weil die Analyse der Erzählungen und ihrer Struktur, die durch den Vergleich an Gehalt gewinnen, die primäre Aufmerksamkeit beansprucht. Auf diesem Weg lässt sich verhindern, dass Werteerziehung einen Euphemismus für Wertevermittlung darstellt, und sicherstellen, dass die Jugendlichen in der Lage sind, genuin eigene Haltungen zu entwickeln (vgl. Albrecht, 2001, S. 891 f.).

Die recht spezifischen Lernziele und Kompetenzvorstellungen in Bezug auf Narration, sozio-historisches Bewusstsein und Werteerziehung dürfen nicht dazu führen, dass die Einbeziehung eines Computerspiels in ein starres didaktisches Gerüst gepackt wird. Denkbar sind etwa folgende Unterrichtsphasen für die Erarbeitung des Computerspiels:

»Close reading« am Projektor

Lernende werden aufgefordert, vor der Klasse laut ihr Spielerlebnis und ihre Entscheidungen zu kommentieren. Im Gegensatz zu den Bedenken von Marci-Boehncke (2014, S. 197), diese Methode »entmedialisiere« literarische Texte, indem sie auf ihre »inhaltliche Struktur« reduziert würden, nehmen Schülerinnen und Schüler hier direkt auch auf mediale Besonderheiten Rücksicht und machen sie für alle sichtbar. Sie verwenden in dieser Phase oft eine Rhetorik, die sie aus *Let's Play*-Videos kennen, bei denen professionelle Gamer Computerspielsequenzen vorstellen. Hier bietet sich ein Exkurs zu diesem Thema im Unterricht an.

Einzellektüre

Schülerinnen und Schüler spielen Abschnitte aus dem Spiel allein zuhause durch. Hier ist es wichtig, mit Lektürejournalen oder Auseinandersetzungen in Chats (vgl. Wampfler, 2015) die Beobachtungen zu dokumentieren, damit sie auch im Unterricht aufgegriffen werden können.

Produktive Auseinandersetzung

Basierend auf dieser Erfahrung und auf der Grundlage der Dokumentation beginnen die Lernenden, Texte zu verfassen oder sich in anderen Verfahren des produktiven Literaturunterrichts mit dem Computerspiel auseinanderzusetzen. Es ist bei offenen Aufgabenstellungen zu erwarten, dass bekannte Muster der Spielrezension wiedergegeben werden (Wampfler, 2015) – was an dieser Stelle eine sinnvolle Erweiterung des Unterrichtsthemas darstellen kann.

Klassendiskussionen zu Inputs der Lernenden

Im Sinne des dialogischen Lernens werden Beobachtungen und Thesen aus den Arbeiten der Lernenden in Gruppen oder im Plenum diskutiert und differenziert. Dabei geht es im Wesentlichen darum, dass verschiedene Spielerfahrungen und Perspektiven einander ergänzen und widersprechen können und im Gespräch neue Erkenntnisse fruchtbar gemacht werden können.

Erzählanalyse im Vergleich mit dem Roman *Wörterbuch*

Die Einsicht, dass ein Computerspiel auf eine bestimmte Weise räumlich, zeitlich und in Bezug auf seine Fokalisierung erzählt ist, dürfte auch für erfahrene Spielerinnen und Spieler neu sein. Analytische Instrumente können hier im Vergleich mit der Erpenbeck-Erzählung *Wörterbuch* gleichsam von den Lernenden selbst entwickelt werden.

Einen systematischen Kompetenzaufbau im Klassenverband durchzuführen, könnte sich als schwierig erweisen: Die interaktiven und kooperativen Mechanismen digitaler Literatur führen zu individuellen Lernfortschritten. Versteht man Kompetenzen im Rahmen einer digitalen Literalität, stellen sie die Schule als System infrage, nicht nur die eingesetzten Formen von Leistungsüberprüfung. Können simplere Spiele Leistung vor allem in der direkten Auseinandersetzung mit anderen Spielenden messen, wie es bei E-Sport-Veranstaltungen – etwa bei *Hearthstone* (Blizzard Entertainment) oder *League of Legends* (Riot Games) – der Fall ist, so lösen Autorenspiele wie *Sunset* oder *DiscriminationPong* (and-or.ch) primär kognitive Prozesse aus, die sich nicht vergleichen lassen. Hofer/Bauer sprechen in Bezug auf Spinner etwa in der Beschreibung eines Unterrichtsprojekts mit *DiscriminationPong* von »mitfühlender Empathie«, »affektiv konnotiertem Bezug zu [Diskriminierung]«, »Alteritätserfahrung« (2015). Gleichwohl bestehen Modelle zu einer Kompetenzbeschreibung im Umgang mit digitaler Literatur, besonders zu Computerspielen, vgl. etwa den Beitrag von Kepser (2012). Diese müssen mit den konkreten Erfahrungen abgeglichen und erweitert werden, als Vorarbeiten sind sie besonders für die bildungspolitischen Dimensionen im Umgang mit digitaler Literatur hilfreich.

Werther: Facebook und E-Mail

Die Auseinandersetzung mit *Die Leiden des jungen Werthers* muss zu einem Verständnis des Mediums »Brief« am Ende des 18. Jahrhunderts führen, was starke Auswirkungen auf das Lektüreerlebnis und die Interpretation des Briefromans hat. Zudem ist es Voraussetzung dafür, narrative Eigenheiten sowie die Besonderheit des *Werthers* überhaupt verstehen zu können. Stephan Porombka weist darauf in seinem Buch über kreatives Schreiben mit Neuen Medien hin:

> Der »Werther« führt zugleich noch etwas anderes, vielleicht ganz Aktuelles vor. Denn Goethe lässt seinen Helden nicht nur die produktive Kraft der neuen Briefkultur spüren. Er zeigt zugleich ihre unheimliche Destruktivität. Denn der empfindsame Fluss, den der Briefschreiber in Gang setzt, ist einer, der ihn fortreißen wird. Die Dramaturgie ist eine der gesteigerten Verinnerlichung. Brief für Brief entwickelt Goethe eine Geschichte, in

der sich die Gefühlswelt des Schreibenden langsam, aber sicher aufheizt und schließlich so abschließt, dass sie von innen her unter Hochdruck gerät. Am Ende kennt das Ich kein Du mehr. Werther schreibt nur für sich allein, ohne noch auf die Antwort zu warten. Die letzte Antwort gibt er sich schließlich selbst: […] in der Form der Kugel. (Porombka, 2012, S. 67)

»Wie würde Werther heute an Wilhelm schreiben?«, ist deshalb der Ausgangspunkt für kreative Aufträge, die im Deutschunterricht zwei Funktionen haben: Schülerinnen und Schüler können davon ausgehend
1. die eigene mediale Umwelt und ihre Möglichkeiten oder Grenzen analysieren,
2. die spezifische Form der Wertherschen Briefe erfassen.

Im Folgenden werden vier Zugänge vorgeschlagen, welche auf diese Lernziele ausgerichtet sind.

Den Text aufteilen und umschreiben

Ausgangspunkt ist hier Werthers Brief vom 4. Dezember 1771:

Ich bitte dich – siehst du, mit mir ist's aus, ich trag' es nicht länger! Heute saß ich bei ihr – saß, sie spielte auf ihrem Klavier, mannigfaltige Melodien, und all den Ausdruck! all! – all! – Was willst du? – Ihr Schwesterchen putzte ihre Puppe auf meinem Knie. Mir kamen die Tränen in die Augen. Ich neigte mich, und ihr Trauring fiel mir ins Gesicht – meine Tränen flossen – und auf einmal fiel sie in die alte, himmelsüße Melodie ein, so auf einmal, und mir durch die Seele gehn ein Trostgefühl und eine Erinnerung des Vergangenen, der Zeiten, da ich das Lied gehört, der düstern Zwischenräume des Verdrusses, der fehlgeschlagenen Hoffnungen, und dann – ich ging in der Stube auf und nieder, mein Herz erstickte unter dem Zudringen. – »Um Gottes willen,« sagte ich, mit einem heftigen Ausbruch hin gegen sie fahrend, »um Gottes willen, hören Sie auf!« – sie hielt und sah mich starr an. »Werther«, sagte sie mit einem Lächeln, das mir durch die Seele ging, »Werther, Sie sind sehr krank, Ihre Lieblingsgerichte widerstehen Ihnen. Gehen Sie! Ich bitte Sie, beruhigen Sie sich«. – Ich riß mich von ihr weg und – Gott! Du siehst mein Elend und wirst es enden. (Goethe, 1774, S. 91 f.)

Die Lernenden werden angeregt, sich zu überlegen, wie dieser Brief heute als Facebook-Statusnachricht, als E-Mail, als WhatsApp-Nachricht oder als Instagram-Post verfasst würde: Wie müsste er aufgeteilt oder umgeschrieben werden? Nach der Durchführung der Transkription findet ein Vergleich der beiden Varianten statt, der auch den Kontext des ganzen Romans einbezieht und die Wirkung auf Briefempfänger und/oder Social-Media-Publikum diskutiert.

Werther als E-Mail oder SMS lesen

Auf *die-leiden-des-jungen-werther.de* lässt sich Werther als Sammlung von E-Mails oder SMS lesen. Zumindest in gewissen Passagen lassen sich aus dem Vergleich mit dem Briefroman Rückschlüsse auf den Rhythmus der Erzählung gewinnen. Generell empfiehlt es sich bei Lektüre, Schülerinnen und Schüler die E-Books lesen zu lassen.

Eine eigene E-Mail-Erzählung schreiben

Die Aufgabe zielt darauf ab, die Dramaturgie moderner Social-Media-Medien in eine moderne E-Mail-Erzählung zu übernehmen: Ein großes Ich wird vom eigenen Schreiben fortgerissen (vgl. für eine Umsetzung von *Werther* als Twitter-Roman *Twitteratur* von Aciman/Rensin, 2009, S. 104).

Folgende Schritte sind denkbar:
1. Wahl eines Helden oder einer Heldin, zum Beispiel:
   a) die Prokrastinierende, die sich bei der Arbeit oder beim Lernen mit Surfen zerstreut,
   b) der Wutbürger,
   c) die Kundin eines Online-Modeversandhauses,
   d) der Gamer.
2. Die Story kurz umreißen (300 Wörter), inklusive der Figur der Adressatin oder des Adressaten.
3. Storyline ausarbeiten, 30 E-Mails mit Daten und Inhalten festhalten. Eskalationsstufen markieren – wie kippt die Erzählung und mit ihr die Heldin oder der Held und woran kann das der Leser feststellen?
4. Einzelne Mails ausformulieren, in denen der spezifische Flow spürbar werden soll, der den Schreibfluss in Gang hält.

Werther als Facebook-Roman verfassen

Tools wie *classtools.net/FAKEBOOK, simitator.com/generator/facebook* oder *thewallmachine.com* erlauben es, grafisch Facebook-Seiten zu erstellen, ohne sich dabei bei Facebook einloggen zu müssen. So kann Werther z. B. abschnittweise als Facebook-Roman umgesetzt werden. Hier ein Beispiel aus einem Projekt einer 10. Klasse Gymnasium: Der Auftrag erforderte ein doppeltes Verständnis: einerseits der Lektüre, der an der Romanhandlung beteiligten Figuren, ihrer Perspektive und Sprache, andererseits des Mediums Facebook, seiner Codes und seiner Ästhetik.

Abb. 11: Werther-Umsetzung als Schülerarbeit

Die neue kalte Liebesordnung

Folgender Text von Tomasz Kurianowicz (ein Auszug aus einem Beitrag in der *Neuen Zürcher Zeitung*) könnte Ausgangspunkt von erörternden Unterrichtsaktivitäten zum Thema »Liebeskommunikation aus der Distanz« sein:

> Denn wer spricht, kann sich versprechen. Wer jedoch schreibt, hat Zeit, die richtigen Worte zu finden, und kann immer sagen: Dieser Satz war gar nicht so gemeint. Samuel Richardsons Briefroman »Pamela« sei als Beispiel genannt, aber auch und vor allem Goethes »Die Leiden des jungen Werthers«, ein Text, der archetypisch verständlich macht, warum die Kommunikation aus der Distanz so faszinierend ist und für viele Liebende als die perfekte Kommunikationsform erscheint. Werther macht es vor: Anstatt seine geliebte Charlotte zu treffen, bleibt er zu Hause und schreibt Briefe an seinen Freund Wilhelm und berichtet diesem über seine ungestüme Liebe. Desto grösser die Distanz, desto grösser das Begehren. Wer den Liebenden nicht sieht, kann ihn sich nach freier Vorstellung formen. […]
> Daher ist es ratsam, wenig zu sprechen und viel zu schreiben. Denn in die Schrift können wir die eigenen Gefühle und Gedanken endlos hineinprojizieren. Wir müssen unsere Empfindungen nicht ad hoc mit einem Gegenüber abgleichen, sondern können in der Einsamkeit die Leerstellen, die sich beim Lesen von Text-Botschaften auftun, mit eigenen Gedanken auffüllen. Was in Werthers narzisstischen Briefen zu beobachten ist, funktioniert auch bei einem intimen WhatsApp-Chat: Wir müssen unser heißes Begehren nicht mit dem anderen über komplexe, mehrdimensionale Kommunikationsweisen wie Berührungen und Blicke und Gesten abgleichen, sondern es reicht, dass wir passiv ein egozentrisches Text-Verständnis finden, das auf unseren intimsten Phantasien basiert.
> Wie funktioniert das bei Goethes Werther? Werther schreibt, was er fühlt, aber es interessiert ihn nicht, das Realitätsfundament seiner Gefühle von Angesicht zu Angesicht zu überprüfen. Im ganzen Briefroman kommt es kaum zu einer echten Begegnung, in der die beiden Liebenden miteinander sprechen. Stattdessen meidet Werther die Konfrontation – vielleicht aus Angst, dass seine projizierten Gefühle der Realität nicht standhalten können. Als er am Fenster steht und zusammen mit Charlotte den berühm-

ten Ausspruch »Klopstock!« ruft (eine kollektiv geteilte Erfahrung), dann will er eben nicht ein literaturwissenschaftliches Gespräch führen und sich verständigen, an welchen Klopstock er und an welchen Charlotte denkt. Denn er weiß: Sie werden nicht den gleichen Klopstock meinen. Deswegen lässt er das Reden bleiben und bevorzugt das Schweigen. Somit kann er den Glauben aufrechterhalten, dass er seine Geliebte völlig versteht.

Eigentlich hat sich diese recht fiktive und artifizielle Situation auf die Gesamtheit der modernen Kommunikation übertragen. Jeder, der WhatsApp nutzt, anstatt anzurufen oder sich zu treffen, projiziert, so wie Werther, der sich am Ende konsequenterweise in die radikale Inkommunizierbarkeit, also in den Selbstmord, flüchtet, seine eigenen Gedanken in den Text. Heute wären »Die Leiden des jungen Werthers« ein WhatsApp-Roman. (Kurianowicz, 2014)

Fräulein Else twittert

Arthur Schnitzlers Erzählung *Fräulein Else* von 1924 zeichnet sich durch einen inneren Monolog aus, mit dem die Hauptfigur, Fräulein Else, die Handlung fast vollständig und ohne Distanz bestimmt. Das Innenleben der Hauptfigur rückt dabei in den Mittelpunkt, wie die folgende Passage zeigt:

Ich werde mich noch ein bißl hinlegen vor dem Diner. Warum sagt Cissy ›Dinner‹? Dumme Affektation. Passen zusammen, Cissy und Paul. – Ach, wär der Brief lieber schon da. Am Ende kommt er während des ›Dinner‹. Und wenn er nicht kommt, hab' ich eine unruhige Nacht. Auch die vorige Nacht hab' ich so miserabel geschlafen. Freilich, es sind gerade diese Tage. Drum hab' ich auch das Ziehen in den Beinen. Dritter September ist heute. Also wahrscheinlich am sechsten. Ich werde heute Veronal nehmen. O, ich werde mich nicht daran gewöhnen. Nein, lieber Fred, du mußt nicht besorgt sein. In Gedanken bin ich immer per Du mit ihm. – Versuchen sollte man alles, – auch Haschisch. Der Marinefähnrich Brandel hat sich aus China, glaub' ich, Haschisch mitgebracht. Trinkt man oder raucht man Haschisch? Man soll prachtvolle Visionen haben. Brandel hat mich eingeladen mit ihm Haschisch zu trinken oder – zu rauchen – Frecher Kerl. Aber hübsch. – (Schnitzler, 1928, S. 7 f.)

Das Verhältnis von Selbst- und Welterfahrung, Intimität und Erzählung sowie Begehren und Verzweiflung bildet wie im *Werther* einen sinnvollen Ausgangspunkt für die Analyse zeitgenössischer sozialer und medialer Praktiken. Folgende Zugänge sind denkbar:

Intimes in sozialen Netzwerken

Im Mittelpunkt stehen hier Reflexionsaufgaben, die in schriftlicher oder mündlicher Auseinandersetzung bearbeitet werden können. Auch schriftliche Gruppenarbeiten wie die *Placemat*-Technik bzw. eine digitale Umsetzung in kollaborativen Schreibumgebungen bieten sich für ihre Bearbeitung an.
- Warum teilen jüngere und ältere Menschen in sozialen Netzwerken Bekannten und weitgehend Fremden oft Intimes mit?
- Warum interessieren wir uns für die intimen Gedanken anderer Menschen (wie auch z. B. die von Fräulein Else)?
- Verändert die digitale Möglichkeit, anderen zuzusehen oder zuzuhören, die Gesellschaft? Wie?
- Ist die Figur des gefährlichen Halbfremden, für die der Marinefähnrich Brandel steht, auch für junge Menschen im 21. Jahrhundert faszinierend?

Fräulein Else twittern lassen

Die meisten Klassen brauchen eine Einführung in Twitter – die aber sinnvollerweise auch durch erste eigene Erfahrungen und den Austausch darüber gewonnen werden kann. Im Sinne eines dialogischen Lernprozesses sind kurze Aufträge denkbar, die dann dokumentiert werden und so zu neuen Aufgaben führen, mit denen die Feinheiten der Plattform erkannt werden können. (Eine Anleitung von Sandro Würmli findet sich unter phwa.ch/twittereinführung; die oben erklärte Portfolio-Methode bietet einen anderen Ansatzpunkt dafür.)

Fräulein Else erhält ein oder mehrere Twitterkonten. Dazu gehören:
- ein Profilbild
- Profilinformationen
- Kontakte, denen Else folgen könnte (gibt es andere literarische Figuren, die twittern?)

Danach können erste Tweets verfasst werden. Dabei ist es wichtig, eine Social-Media-Rolle zu finden: Welchen Eindruck will Else erzeugen? Was lässt sie weg, was breitet sie aus? Wie verfasst sie ihre Urteile über andere Personen? Wie viel erzählt sie von ihren Problemen? An was für ein Publikum richtet sie sich? Was für eine Sprache wählt sie?

Weitere Personen mit Profilen ausstatten

Dieser Schritt ließe sich gut auch für die in der Erzählung nur vermittelt auftretenden Figuren wie Cissy, Paul, Dorsday oder die Eltern von Else wiederholen. Dadurch könnte die Erzählung von einer Klasse entweder völlig auf die Social-Media-Ebene verlagert oder nur durch eine Social-Media-Ebene ergänzt werden. So könnte die Selektivität der Social-Media-Publikation sowie der damit verbundene halb private Informationsfluss hinter der Bühne des sozialen Lebens am Beispiel eines literarischen Textes reproduziert und dadurch reflektiert werden.

Eine reine Twittererzählung verfassen

Alexander Aciman und Emmett Rensin haben mit *Twitteratur* (engl. *Twitterature*, 2009) einen Band vorgelegt, in dem sie Weltliteratur in verdichteten Tweets nacherzählen.

Kafkas Verwandlung liest sich darin wie folgt:

> Jetzt reicht's! Ich geh da raus. Wünscht mir Glück.
>
> OMFG, mein Vater hat mir einen verdammten Apfel in den Rücken geschmissen.
>
> ICH WIEDERHOLE: EIN BESCHISSENER APFEL STECKT IN MEINEM RÜCKEN!
>
> Ich sterbe. Die Schmerzen werden jeden Tag schlimmer.
>
> Nach meinem Tod kann die Familie sicher umziehen. Verflucht sei der Tag, als ich mich in eine riesige sechsbeinige Metapher verwandelt habe!
>
> Der Rest ist Schweigen ...
>
> (Seit ich tot bin, ist aus meiner Schwester eine fähige Frau mit großer Zukunft geworden. Eigentlich war es wohl ihre »Verwandlung«!)

Abb. 12: Aciman/Rensin: Twitteratur (2011), S. 20

Diese Idee ließe sich gut auf Fräulein Else übertragen, indem Lernende etwa angeregt werden:
- aus der Perspektive von Fräulein Else zu schreiben,
- 17 Tweets zur Erzählung zu schreiben,
- den Plot mehr oder weniger zusammenzufassen,
- darin Überraschungen und Wendungen einzubauen.

Die Wortspiele und Wiederholungen herausarbeiten

Die Erzählung zeichnet sich durch eine Reihe von Doppeldeutigkeiten, Wortspielen und Wiederholungen aus, etwa »Diner« vs. »Dinner«, »Ich bin keine Dirne«, »hinunter«, »abstürzen« im wörtlichen, aber auch im übertragenen moralischen Sinne. Diese Wortspiele könnten als Zitate Auslöser für einen Tweet auf einem Fräulein-Else-Kanal darstellen, bei dem dann die Klasse nachlesen kann, was anderen aufgefallen ist. So könnte jeweils ein Einstieg in eine Lektion erfolgen – und damit ein dialogischer Lernprozess in Gang gesetzt werden, wie das im folgenden Abschnitt gezeigt wird.

Podcasts wahrnehmen und produzieren

Hörspiele haben im Deutschunterricht eine längere Tradition. Ihre Umsetzung als Podcasts ist mit der Verfügbarkeit von entsprechender Software und mobilen Aufnahmegeräten wie Smartphones und Tablets einerseits deutlich leichter geworden, die Beliebtheit von Podcasts hat aber auch neue Mischformen von narrativen Sachtexten hervorgebracht, die mit dem Begriff des *Storytellings* erfasst werden können: Zu denken ist dabei zunächst an Podcast-Reportagen zu Kriminalfällen wie Jenni Roths *Mehr als ein Mord* (2015) oder Anouk Schollähns *Täter unbekannt* (2015), die deutlich vom Erfolg des amerikanischen Podcasts *Serial* (Sarah Koenig, 2014) inspiriert sind. Christian Conradis *Systemfehler* (2016) oder Henrik Eferts *Nur ein Versuch* (2016) sind Beispiele für thematisch experimentierfreudigere Podcasts, die Sachthemen aus einer persönlichen Perspektive aufarbeiten und in eine Erzählung verwandeln.

Obwohl viele Schülerinnen und Schüler diese Podcasts kostenlos auf ihren Smartphones abrufen könnten, kennen nur wenige diese kulturelle Nische, in der auch viele Angebote von öffentlich-rechtlichen Medien zugänglich sind.

Ein offener Hörauftrag im Deutschunterricht kann hier für Lernende eine neue Welt eröffnen – wobei auch eine klassische Lektüre der Podcasts in Analogie zu der einer literarischen Ganzschrift problemlos denkbar ist. Besonders die episodische Struktur der Podcasts bietet eine sinnvolle Rhythmisierung an. Günther Einecke hat eine Sammlung empfehlenswerter Podcasts für den Deutschunterricht erstellt und gibt auch technische Hinweise dazu (Einecke, o. J.). Auch bei Bernhard Schuler findet sich ein Überblick über geeignete Podcasts für den Deutschunterricht (2012). Grundsätzlich reicht eine Google-Suche oft aus, um Podcasts zu finden. Gehört werden sie in der Regel auf Smartphone-Apps, die oft schon vorinstalliert sind oder kostenlos geladen werden können. Generell sind Podcasts kostenlos verfügbar.

Ausgehend von einer konsumierenden Auseinandersetzung mit Podcasts sind produktionsorientierte Projekte denkbar. Klaus Adam hat dazu Unterrichtsmaterial zusammengestellt. Einleitend betont er die Bedeutung eines kompakten Einstiegsworkshops:

> Aufgrund des methodischen und inhaltlichen Umfangs empfiehlt es sich, das Projekt mit einem kompakten Intensiv-Workshop zu beginnen, bei dem alle Beteiligten einen Einblick in das nötige Grundwissen erhalten und gleichzeitig ein erstes Podcast erarbeiten. Anschließend kann das Projekt entweder als Arbeitsgemeinschaft im Angebot des Ganztagsschulbereichs weitergeführt werden oder es wird zum Bestandteil des regulären Unterrichts. Dazu eignet sich jedes beliebige Unterrichtsfach. Entscheidend für die Motivation der beteiligten Schülerinnen und Schüler ist der hohe Unterhaltungswert bei der Gestaltung der Audio- und Videopodcasts. (Adam, 2008)

Entsprechende Unterrichtseinheiten führen zur Entwicklung einer Reihe von Kompetenzen – vom Umgang mit Drehbüchern über die szenische Gestaltung bis hin zur sprachlichen Präsentation und Darstellung (ebd.). Die notwendigen technischen Fertigkeiten können schnell erworben werden: Anleitungen finden sich im Internet zuhauf, *Audacity* ist ein Werkzeug, mit dem Lehrkräfte gute Erfahrungen gemacht haben.

Bei der konkreten Umsetzung ist einerseits eine Einzel- oder Gruppenarbeit an »eindimensionalen« Podcasts denkbar. Vielversprechender wären aber »mehrdimensionale« Produkte:

Im konkreten Einsatz wäre es also denkbar, dass die Lehrerin oder der Lehrer eine erste Episode online stellt, die beispielsweise eine Hausaufgabe enthält. Die Schülerinnen und Schüler können nun zu Hause mit Audacity ihre Antwort aufsprechen, als MP3 speichern und dann als Kommentar in den bereits bestehenden Podcast einfügen. (Dorok, 2006, S. 4).

Diese Idee ist im DaF-Unterricht verbreitet, geht es doch letztlich darum, viel und verständlich Deutsch zu sprechen. Im Hinblick auf den Unterricht in der Muttersprache wäre ein thematischer Fokus sinnvoll, ein Podcast könnte eine Publikation von Erkenntnissen aus dem Unterricht sein; also eine Serie, welche ein Unterrichtsthema begleitet. Denkbar wäre eine Lyrikeinheit, die etwa Auszüge aus den gelesenen Gedichten auf lyrikline.org in den Podcast einbaut und mit Kommentaren und Interpretationsansätzen versieht.

Digitale Notizen und Arbeitsblätter

Die Verfügbarkeit von digitalen Geräten führt zur Frage, wie analog erworbene Kulturtechniken wie das Anlegen von Notizen digital umgesetzt werden. In Kapitel 2, das sich mit empirischen Ergebnissen beschäftigte, ist dargestellt, dass eine intuitive Umsetzung ohne Training zu schlechten Resultaten führt – beim Anlegen von Notizen hat sich insbesondere gezeigt, dass Studierende zu stark wörtlich mitschreiben und dadurch Gehörtes nicht in einer genügenden Verarbeitungstiefe verdichten (Mueller/Oppenheimer, 2014). So schmälern sie ihren Erfolg bei standardisierten Prüfungen einerseits und verwenden während der Schulzeit andererseits ineffiziente Lerntechniken. Generell können beim Verfassen digitaler Notizen vier Bereiche ausgemacht werden, die es zu beherrschen gilt:
1. Verdichtung anstreben, Redundanz vermeiden und nicht wörtlich mitschreiben,
2. unerwünschte Ablenkung an den Geräten vermeiden (durch Messaging, Internet etc.),
3. digitale Möglichkeiten umfassend nutzen
    a) Kollaboration,
    b) Überarbeitung und Versionierung von Dokumenten,
    c) Verlinkung,

d) Automatisierung von Arbeitsschritten,
e) die Hilfestellungen von Tools wie *Evernote, Google Drive, OneNote* im Detail kennen,
4. genügend hohe Geschwindigkeit im Umgang mit den digitalen Geräten, insbesondere beim Tippen.

In seinem Buch *Smarter Than You Think* notiert Clive Thompson ein Paradox, das auf Professor Thad Starner zurückgeht, der wohl die längste Erfahrung damit hat, tragbare Computer einzusetzen:

> Immer wenn er eine Notiz anlegte, unterbrach er seine Konzentration und hörte dem Professor nicht mehr richtig zu. Er verpasste neue Information. Legte er aber keine Notizen an, hatte er nichts, womit er lernen konnte. (Thompson, 2013, Kindle Pos. 1949, Übers. von Ph.W.)

Das Resultat: Starner setzte eine Art *Google-Glass*-Brille ein, mit der er gleichzeitig tippen und zusehen konnte. In traditionellen Schulsettings führt das Starner-Paradox zu zwei leicht adaptierten Schlussfolgerungen:
- Notizen können kollaborativ angefertigt werden – nicht alle müssen alles für sich notieren.
- Wer digitale Notizen anlegt, sollte nicht hinter einem Bildschirm verschwinden, weil er oder sie dann nicht mehr mitbekommt, was andere beitragen oder zeigen.

Aus diesen Gründen bietet sich eine systematische Einführung in ein Werkzeug wie *Evernote* an. Im Deutschunterricht sollten folgende Schritte eingeführt werden:
1. Notizen sind keine langen, umfassenden, abgeschlossenen Textsorten, sondern Schnipsel.
2. Sie sind multimedial: Sie bestehen aus Scans von handschriftlichen Texten, Tafelbildern, Links zu Dateien, getippten Texten und Chats.
3. Notizen müssen strukturiert werden: Mit Schlagwörtern, in Ordnern, durch Verlinkung. Diese Arbeit ist genauso wichtig wie das Anlegen von Notizen.
4. Notizen haben kein Verfallsdatum: Wer in Hefte schreibt, wirft die Hefte bei einem der nächsten Umzüge weg. Digitale Dateien begleiten Lernende

in der Cloud auch beim Studium und im Beruf. Viele Unternehmen setzen heute darauf, dass ihre Mitarbeiterinnen und Mitarbeiter solche Systeme einzusetzen verstehen und ihr Wissen aktualisieren.

5. Notizen zu durchsuchen und zu lesen, muss geübt werden: Auch hier handelt es sich nicht um einen linearen, einfachen Prozess. Eine Vorbereitung auf eine Lernkontrolle besteht nicht darin, Notizen von Anfang bis Ende durchzulesen, sondern in Problemen und Fragen zu denken und Antworten durch Notizen gestützt zu entwickeln. Hier zeigt sich dann schnell, dass zeitgemäße Prüfungsaufgaben die Verwendung von solchen Wissensspeichern zulassen.

6. Notizen begleiten die digitale Lektüre. Wer im Netz surft und interessante Artikel, Bilder oder Ausschnitte findet, muss diese in seine Notizen nahtlos und ohne großen Aufwand integrieren können. Moderne Tools bieten entsprechende Erweiterungen für Browser an, die das zulassen.

Abb. 13: Webclipper von Evernote zum Erfassen von Web-Dokumenten

Die Zusammenarbeit mit anderen Lernenden fehlt in dieser Liste. Ihre Bedeutung lässt sich leicht an einem ethischen Dilemma zeigen, das viele Gymnasiastinnen und Gymnasiasten kennen: Eine Gruppe von Schülerinnen legt beispielsweise im Mathematikunterricht sorgfältige Notizen an, während einige Schüler im Unterricht tagträumen, sich ablenken oder mündlich aktiv sind und ihre Notizen vernachlässigen. Vor der Prüfung kopiert diese zweite Gruppe ein Heft der ersten. Sie habe, so ihr Argument, keinen Verlust dadurch: Sie könne ja immer noch mit ihren Notizen lernen. Doch die Verwendung dieses Lernprodukts scheint unverdient, weil die Schüler den nötigen Aufwand dafür nicht betrieben haben. Sind sie im Unterricht aktiv und verfügen sie über eine saubere Mitschrift, so erbringen sie zuweilen bessere Leistungen als die Schülerinnen aus der ersten Gruppe. Soll nun eine Lehrkraft alle Schülerinnen und Schüler dazu zwingen, eigene redundante Notizen anzulegen? Oder gar ein Skript als Kopiervorlage abgeben, das allen dieselben Möglichkeiten gibt?

Das Dilemma verweist auf die Bedeutung der Zusammenarbeit. Die Gruppe der Schüler betreibt *free riding,* also Trittbrettfahren: Sie profitiert von einem als gemeinsam definierten Projekt, ohne sich daran zu beteiligen. Die Gruppe der Schülerinnen arbeitet aus Sicht der Klasse gleichzeitig enorm ineffizient: Statt sich zusammenzutun und gemeinsam mitzuschreiben, arbeiten alle an ihren Notizen. (Diese Sicht ist allerdings nur gültig, wenn es tatsächlich um eine Mitschrift und nicht um subjektiv verdichtete Notizen geht.) Die Einrichtung eines Unterrichtsblogs (vgl. S. 109 ff.) kann das Problem auflösen: Wäre je Lektion eine Schülerin oder ein Schüler für das Anlegen sauberer Notizen verantwortlich (unterstützt von zwei anderen Lernenden, die Lücken füllen, Fehler korrigieren und Feedback geben), hätte das Anlegen von Notizen eine Funktion für die Klasse und gäbe auch der Lehrkraft einen Einblick in das Verständnis der Klasse. Gemeinsam entsteht so eine Art Skript, auf das sich alle stützen.

Einführen lassen sich solche Arbeitsformen mit kleinen Übungen, zu denen die Idee eines digitalen Arbeitsblatts gehört. Es handelt sich dabei um ein Online-Dokument, in dem kollaborativ Aufgaben erledigt werden. Es ist kein herkömmliches Arbeitsblatt, das lediglich in einem digitalen Medium zur Verfügung gestellt wird, sondern erfordert auch eine neue Art von Bearbeitung. Besonders das Einbringen von eigenen Ideen und Lösungen und der Nachvollzug der Bearbeitungen von anderen Lernenden stehen im Mittelpunkt. Über einzelne Arbeitsschritte sollte ein Dialog entstehen, ohne dass eine Ko-Präsenz erforderlich wäre: Digitale Arbeitsblätter können von beliebigen Orten aus bearbeitet werden. (Für bestimmte Arbeitsschritte erweist sich eine zeitliche Abstimmung allerdings als sinnvoll.) Folgendes Vorgehen bietet sich im Deutschunterricht an:

1. Die verantwortliche Person erstellt das Arbeitsblatt auf der gewählten Arbeitsplattform *(ZUMpad, Google Docs, OneDrive, eduPad)*.
2. Sie gibt das Dokument an die Lernenden frei: Entweder durch eine Mail-Einladung oder mit einem Link – es empfiehlt sich dabei, lange Freigabelinks mit Tools wie *bit.ly* oder *PrettyLink* zu kürzen: *phwa.ch/handkeab*

3. Sie formuliert eine Anleitung für die Bearbeitung – sinnvollerweise steht ein Teil davon direkt im Dokument, ein anderer kann in einer anderen Form von Instruktion erfolgen.
4. Die Anleitung sollte auch bestimmte Vorgaben für die Zusammenarbeit in den Gruppen enthalten: Wie verhindern sie, dass nicht alle gleichzeitig an Formulierungen feilen und so nie fertig werden – und gleichzeitig dennoch intensiv genug an Details arbeiten? Vgl. die Konzepte in *Digital lesen, digital schreiben: empirische Befunde*, S. 59 ff.
5. Kommentare sind ein wichtiges Arbeitsmittel. Die verantwortliche Person sollte sich darin auch aktiv an Diskussionen beteiligen, ohne allerdings Entscheidungsprozesse unnötig abzukürzen. Eine Auseinandersetzung ist für die Qualität des Produkts ausschlaggebend.
6. Ein Teil des Arbeitsblatts soll bereits vorausgefüllt sein, damit die Bearbeitenden erkennen können, wie sie vorgehen sollen. Das sogenannte *straw*-Dokument wird bei der Bearbeitung durch eine bessere Version ersetzt, es reicht also, provisorische Formulierungen einzutragen.
7. Jemand hütet und pflegt das Dokument: Die Person räumt sprachlich, formal und inhaltlich auf, entfernt Redundanzen und wertet die Arbeit auch aus.
8. Die Arbeit wird durch Reflexionsphasen unterbrochen.
9. Im Idealfall erfolgt in den Kommentaren eine Diskussion zu den Ergebnissen.

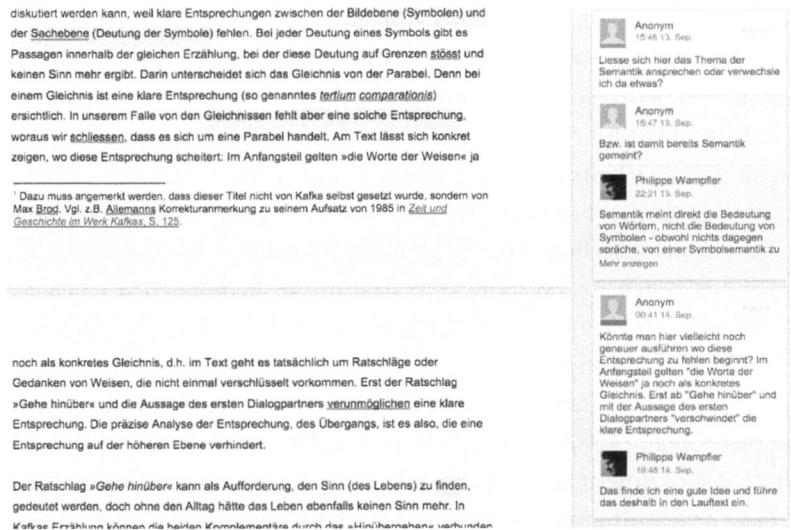

Abb. 14: Digitales Arbeitsblatt, vgl. phwa.ch/kafkagleichnisse

Für den Einsatz digitaler Arbeitsblätter im Deutschunterricht sind mehrere Szenarien denkbar. Wichtig ist, dass es sich um Aufgaben handelt, die im weitesten Sinne Problemlösungen involvieren und nicht tiefe Kompetenzstufen in der Bloom'schen Taxonomie. Mögliche Zugänge wären:

- *Eine Frage, viele Antworten*
  Eine Sammlung von verschiedenen Eindrücken zur Person Peter Handke (phwa.ch/handkeab) ersetzt eine biografische Einführung durch selbstorientiertes Lernen. Gleichzeitig werden die Ergebnisse der anderen Mitglieder der Klasse sicht- und bearbeitbar, es ergibt sich eine Sammlung von biografischen Perspektiven auf den Autor, die im Unterricht dialogisch aufgegriffen werden können. Voraussetzung ist eine offene Fragestellung, die das parallele Beschreiten verschiedener Denkwege ermöglicht.
- *Gemeinsames Verfassen eines Beispiel-Textes*
  Das Kafka-Beispiel (S. 106) zeigt einen durch eine standardisierte Prüfung vorgegebenen Interpretationsaufsatz, den die Klasse miteinander schreibt. Dabei leisten alle nur einen Teil der Arbeit, sie korrigieren und überarbeiten, was andere schreiben. Es ist zunächst nicht absehbar, ob ein glatter Text entsteht – das muss in einer gemeinsamen Diskussion oft erst noch geklärt werden. Die Arbeit am Arbeitsblatt kann in Phasen erfolgen und durch Unterrichtsgespräche unterbrochen werden.
- *Jigsaw-Puzzle*
  Mehrere digitale Arbeitsblätter ersetzen oder begleiten eine Phase in einem Gruppenpuzzle. Wichtig ist dabei, dass Verantwortliche bestimmt werden, die Dokumente behüten. Einzelne Phasen der oft zeitlich aufwendigen Jigsaw-Technik (vgl. Stary, o. J.) werden digital durchgeführt.
- *Meinungsbildung*
  Im Dokument (vgl. phwa.ch/digitalesarbeitsblatt) werden Einschätzungen und Meinungen zu einer Frage gesammelt. Hier geht es darum, einen Konflikt pädagogisch zu nutzen, über Meinungsverschiedenheiten Argumente herauszuarbeiten. Eine Orientierung am Modell Kohlbergs für den Umgang mit Dilemmata kann für die Werteerziehung in einem solchen Setting fruchtbar gemacht werden.

Das digitale Arbeitsblatt ist ein Zwischenschritt hin zu einer Kultur der Zusammenarbeit. Es ist eine Didaktisierung von Verfahren, die offener und stärker selbstgesteuert erfolgen könnten, aber sinnvollerweise in überschaubaren Projekten eingeübt werden.

Digitale Portfolios

Die Portfolio-Methode ist ein didaktischer Trend. Zu Recht: Sie entspricht aktuellen Lern-Vorstellungen, stellt Lernprodukte und den Aufbau von Kompetenzen in den Mittelpunkt. Das Portfolio – so seine knappste Definition – ist eine Sammlung von Kompetenznachweisen. Im Portfolio legen Lernende das ab, womit sie sich selbst und anderen zeigen, was sie können. Die Dokumentation einer Auseinandersetzung mit einem Lerngebiet hilft dabei, Zusammenhänge zu erschließen und einen Dialog mit Lehrkräften und Lernenden zu führen, Lernprozesse zu reflektieren und zu beurteilen.

> Das Interesse an Portfolios spiegelt einen Paradigmenwechsel in der Lehre. Nicht mehr die Stoffvermittlung durch Fachautorität verkörpernde Dozierende an nicht wissende Studierende steht im Mittelpunkt, sondern die Studierenden, welche Wissen und Kompetenzen in selbstbewusster, selbstbestimmter und selbsttätiger Weise erwerben sollen. Der Fokus [...] verschiebt sich also von der Sammlung und wissenschaftlichen Durchdringung von Wissensinhalten hin zur Schaffung günstiger Rahmenbedingungen, unter denen Lernen prozesshaft abläuft einerseits, von den normativen Vorgaben an studentisches Tun hin zu dessen Lenkung und Steuerung andererseits. (AfH, 2006, S. 4)

Lernportfolios weisen einen doppelten Bezug zur digitalen Kommunikation auf: *Erstens* sind Werkzeuge wie *Evernote, OneNote* oder Blogs in einem herausragenden Maße für die Arbeit mit Portfolios geeignet, weil sie flexibel genug sind, um Lernprodukte in jeder Form zu archivieren und zu publizieren. Sie machen Muster erkennbar, die Lernende selbst unter Umständen gar nicht sehen – etwa durch die Integration von *Evernote* in die Google-Suche. Der Lehrerausbilder Andreas Sägesser dokumentiert solche Verwendungsweisen laufend auf seinem Facebook-Profil: Er erfasst selbst kleinste Lernprodukte mit Evernote und verknüpft so dokumentierte Ressourcen laufend miteinander. Spielt er etwa Klavier, so speichert er die Noten, Tipps seiner Klavierlehrerin,

Einsichten beim Spielen, Notizen zu den Stücken sowie Youtube-Tutorials in Evernote. Das Portfolio besteht letztlich nicht aus polierten Texten, sondern aus einem Netzwerk unterschiedlichster Informationen. Die Links, die sich so ergeben, bilden den Lernprozess ab und können neue Vorgänge auslösen.

Zweitens sind Portfolios ein idealer Weg, um Social-Media-Werkzeuge verstehen zu lernen. Verfolgen Schülerinnen und Schüler etwa die Profile von Journalistinnen, Social-Media-Fachleuten, Künstlern, Politikerinnen oder Marken, dann entdecken sie Mechanismen, die für das Verständnis der Aufmerksamkeitsökonomie grundlegend sind. Dieses abstrakte Prinzip des »Folgens« wird mit Portfolioarbeit konkretisiert: Für andere sichtbar werden Beobachtungen festgehalten und miteinander in Verbindung gebracht (vgl. für eine konkrete Anleitung Wampfler, 2013, S. 160 f.). So finden sich Antworten auf eine Vielzahl von Fragestellungen: Wie ist das Verhältnis von eigenen zu fremden Beiträgen bei Social-Media-Aktivitäten? Wie häufig veröffentlichen Marken Beiträge? Was muss man sich unter *Storytelling* im Journalismus vorstellen?

Die Portfolio-Methode muss an dieser Stelle nicht vertieft werden. Sie eignet sich inhaltlich wie formal für einen praktischen und direkten Zugang zu digitaler Kommunikation im Deutschunterricht. Die Methode bewirkt starke Nebeneffekte: Portfolios nehmen Lernende in die Verantwortung und bieten eine Grundlage für differenzierte Rückmeldungen zu Lernprozessen, die den problematischen Zirkel von verengtem Lernen und nichtssagender Beurteilung der aktuellen Prüfungskultur aufbrechen.

Unterrichtsblogs und individuelles Bloggen

Jede Form von Unterricht basiert auf einer didaktischen Reduktion von Inhalten. In Gesprächen, Diskussionen, Lehrvorträgen oder individuellen Arbeitsphasen entsteht ein Netz von Assoziationen, Verweisen und Quellen. Diese reichhaltige Materialsammlung fangen Unterrichtsblogs teilweise ein. Die dahinterstehende Idee ist einfach: Der Deutschunterricht in einer Klasse wird von einem Blog begleitet. Wie in den Beispielen zu Podcasts oder Twitter ist eine Aufgabenteilung denkbar einfach: Im Sinne einer Protokollierung können Lehrkräfte oder Lernende nach jeder Sitzung einen kurzen Eintrag schreiben, in den Erkenntnisse, wichtige Links, Verweise auf Materialien und Aufträge

eingebaut werden. Viele Lehrerinnen und Lehrer, die damit beginnen, setzen diese Möglichkeit mit jeder Klasse um, weil sie viele Arbeitsschritte erleichtert und ein Arbeitsumfeld für die digitale Arbeit außerhalb des Präsenzunterrichts schafft. Blogs sind generell zu einem Medium geworden, das Projektarbeit begleitet – sie sind so von der Funktion, eine Art Tagebuch abzubilden, eher abgerückt. Die Voraussetzungen für Lehrkräfte sind überschaubar:
1. Eine minimale Vertrautheit mit einer Blogplattform. Empfehlenswert ist im Moment vor allem *Wordpress,* weil das Tool einfach, umfangreich und für weitere Entwicklungen sehr offen ist. Die Verwaltung von Nutzerrechten ist möglich, so dass eine Lehrperson Einträge vor der Publikation sichten kann, Schülerinnen und Schüler dieses Recht aber nicht haben.
2. Elementare Kenntnisse im Umgang mit solchen Nutzerrechten.
3. Geduld im Umgang mit technisch frustrierten Jugendlichen.
4. Bereitschaft zur relativ engen Begleitung der digitalen Inhalte.

Die folgenden Zugänge zeigen Möglichkeiten des gemeinsamen Bloggens auf, am Schluss des Kapitels werden auch individuelle Blogs von Lernenden diskutiert. Wie bei allem anderen Verhalten in Arbeitszusammenhängen müssen sich Schülerinnen und Schüler bewusst sein, welche Regeln gelten – insbesondere dann, wenn sie öffentlich und anonym im Internet agieren. Die Grenzen zwischen Kritik und Mobbing müssen diskutiert und durchgesetzt werden.

Protokolle

In Gruppen oder allein erstellen Schülerinnen und Schüler Unterrichtsprotokolle. Diese sind online verfügbar und bieten so der Klasse und der Lehrperson eine Orientierung über den Unterrichtsverlauf und über Perspektiven von Lernenden.

Die Textsorte »Protokoll« kann sehr offen gehalten werden. In einer Anleitung erhielt eine 10. Klasse folgenden Auftrag (vgl. Blog g1a.phwa.ch):
Beantworten Sie eine oder mehrere der folgenden Fragen:
- Was habe ich in dieser Lektion gelernt?
- Was habe ich nicht verstanden?
- Worüber habe ich mit anderen in der Pause oder nach der Lektion gesprochen?

- Über welche Ideen oder Fragen habe ich aufgrund der Lektion nachgedacht?
- Was weiß ich zum Thema, das nicht zur Sprache gekommen ist?
- Welche Texte, Filme oder Musikstücke passen zu dem, was wir besprochen haben?
- Was interessiert mich sonst noch?
- Was stört mich am Unterricht, was hat mich geärgert, was möchte ich kritisieren?

Die Bearbeitung erfolgte zunächst mit Pseudonymen, welche für die Klasse entschlüsselbar waren, für Außenstehende jedoch nicht. Mittelfristig wurden Beiträge aber auch anonym verfasst, eine Diskussion in der Klasse zeigte, dass es dafür ein Bedürfnis gab. Mit wenigen Regeln – anonyme Beiträge dürfen z. B. keine Lernenden angreifen – war das aber ohne weitere Probleme möglich. Hier zeigt sich, dass solche Blogprojekte die Kultur in einer Klasse mitprägen: Das Bedürfnis nach anonymer Meinungsäußerung gibt darüber ebenso Aufschluss wie die Aufforderung der Lehrkraft, Kritik im Blog zu äußern.

Blog-Aufträge als Hausaufgaben

Statt als Nachbearbeitung Heft-Texte schreiben zu lassen, die dann im Unterricht wahrgenommen werden, kann es sinnvoll sein, unterrichtsbezogene Aufträge zu formulieren, zu denen Lernende dann Blogeinträge schreiben. So

Auftrag auf Mittwoch, 11. Dezember 2013

⏲ 4. Dezember 2013   ▸ Uncategorized   ✎ Bearbeiten

Lesen Sie alle Anwendung 1: Roboter Ethik (war schon Auftrag auf heute) und Anwendung 2: Die Ashley-Behandlung, die Sie auf der Seite »Angewandte Ethik« finden.

Schreiben Sie hier ins Kommentarfeld eine persönliche, aber argumentativ solide Stellungnahme zu einem der beiden Fälle (wählen Sie aus). Bitte lesen Sie auch die Aussagen der anderen und beziehen Sie sie, wenn möglich, in Ihren Text mit ein.

Abgabe: Dienstag, 10. Dezember, 20 Uhr.

💬 Alle 10 Kommentare ansehen

Abb. 15: Hausaufgaben per Blog, Beispiel von efphilo.wordpress.com

wird vor dem Unterricht deutlich, welche Fragen sich andere stellen, welche Thesen sie vertreten und wie man mit der eigenen Meinung positioniert ist (vgl. den Abschnitt zu dialogischem Lernen, S. 77 f.).

Die so entstehenden Texte erscheinen in einer Halböffentlichkeit, wobei nicht anzunehmen ist, dass Fremde auf Unterrichtsblogs mitlesen. Dies fördert aber die Motivation bei der Schreibarbeit, weil zumindest von anderen Mitgliedern der Klasse Reaktionen zu erwarten sind.

Begleitung von Lektüre

Bei der Lektüre von digitalen Texten (aber auch bei belletristischen Ganzschriften) kann eine Blogbegleitung Räume schaffen, die an die Stelle von langen Vortragsreihen treten. Lernende vertiefen Aspekte und Interpretationsansätze, schildern ihre Lektüreerfahrungen, gehen vertieft auf einzelne Passagen ein und entwickeln eigene Argumente, die sie aus der Lektüre ableiten.
Das ist sowohl als individuelles Lektürejournal denkbar, wie auch als gemeinsamer Blog, der verschiedene Stimmen zulässt. In jedem Fall werden Gedanken und Assoziationen greifbar und können wiederum zur Gestaltung dialogischer Lektürearbeit herangezogen werden.

Feedback- und Kommentarkultur

Es empfiehlt sich, anfangs die Beiträge intensiv zu besprechen, um die Erwartungen zu klären und deutlich zu machen, welche Art von Reaktionen auch in der digitalen Form des Gesprächs denkbar und wichtig sind. Lernende müssen akzeptable Formen halböffentlicher Kritik erlernen, weil sie oft aus sozialen Gründen auf Kritik verzichten und so das Potenzial des Diskussionsraums Blog nicht ausschöpfen. Feedback gehört als verbindlicher Teil zum Blogprojekt dazu: Wer einen Beitrag schreibt, so eine Faustregel, sollte zwei andere Beiträge kommentieren.

Auf Kommentare zu eigenen Beiträgen sollten Autorinnen und Autoren reagieren, um zu zeigen, dass sie sich über Feedback freuen und Kritik annehmen können. Die Einführung einer solchen Kommentarkultur im Unterricht ist gerade angesichts der Probleme, denen sich Newsseiten in ihren Kommentarbereichen und auf sozialen Netzwerken ausgesetzt sehen, unerlässlich.

Persönliche Blogs

In Phasen, in denen Klassen neu zusammengesetzt werden, sind offene Blogs ein Hilfsmittel, damit Lehrkräfte und Klassenmitglieder einander besser kennenlernen können. Die Möglichkeiten digitaler Publikation (Links setzen, Kommentare erhalten, verschiedene Medienformen, immer wieder überarbeitbare Texte) helfen dabei, eine Fragestellung zu bearbeiten (vgl. Wampfler, 2013, S. 161 f.). Zudem sollten die Themen hinreichend offen sein für individuelle Arbeit. Hier einige Beispiele:
a) Die eigenen Interessen vorstellen
b) Songtexte und Musikvideos interpretieren
c) Sehenswürdigkeiten in verschiedenen Ländern vorstellen
d) Persönliches Lektürejournal in Blogform
e) TIL (»today I learned«, eine Formulierung, die auf dem sozialen Netzwerk Reddit häufig Verwendung findet)
f) Leben und Schaffen einer bestimmten Person

Der Druck, zu einer bestimmten Zeit schreiben zu müssen, kann lähmend sein. Der Auftrag, jede Woche einen Beitrag zu verfassen, hat sich bewährt. Er ermöglicht den Schülerinnen und Schülern die freie Wahl des Schreibmoments, zwingt sie aber dazu, regelmäßig am Blog zu arbeiten.

Kommentarkultur als Spiel und Lernumgebung

Ein Team mit Hintergründen von Game Design über Philosophie bis hin zu Pädagogik hat im Rahmen des Gamejams zu »Flucht und Vertreibung« der *Bundeszentrale für politische Bildung* das Spiel *Moderate Cuddlefish* programmiert. Die Spielerin oder der Spieler übernimmt die Aufgabe, eine Netz-Community durch die Moderation von Kommentaren zu begleiten. Zu Beginn des Spiels werden die AGB der Community eingeblendet – sie stellen die Spielregeln dar. Gleichzeitig dürfen die Mitglieder nicht verärgert werden, indem Posts mit vielen Likes gelöscht werden. Während des Spiels werden laufend Kommentare angezeigt, wobei die einzige Reaktionsmöglichkeit in der Löschung von Kommentaren besteht. Am Schluss wird errechnet, ob die Community gewachsen oder geschrumpft ist, eine

Abb. 16: »Moderate Cuddlefish«, Screenshot

detaillierte Auswertung zeigt an, welche Löschentscheide damit verbunden waren.

Der Kommentar zum Spiel arbeitet die Absichten des Teams deutlich heraus:

> Die spielende Person soll authentisch den Entscheidungsdruck eines Moderierenden im Kontext von Social Media zur aktuellen Flüchtlingsdebatte nachspielen und nachempfinden. Hierzu gehört die unmittelbare Konfrontation mit Gesprächsgeschwindigkeit und Diskussionsüberschneidungen in einem Microblog. Entscheidungen werden durch News und Userverluste bzw. -gewinne und Zeit beeinflusst. Die individuelle demokratische Urteilsbildung soll kritisch angeregt werden.
> Eine Visualisierung am Ende eines jeweiligen Levels ermöglicht es, die eigenen Entscheidungen noch einmal kurz bewusst zu reflektieren. Zur Spielhandlung gehört der Umgang mit Reizwörtern, die Grenzbestimmung von Ironie und Verletzung und die Moderationsfertigkeit, sich überkreuzende Gesprächsverläufe konstruktiv zu ordnen. Dieses Spiel beabsichtigt, den Perspektivwechsel vom Diskursteilnehmer auf Social-Media-Ebene auf den Verantwortungsbereich [von Moderierenden] zu übertragen. (Merkel et al., 2016)

Das Spiel, dessen Erweiterung und Entwicklung angekündigt wird, verweist auf einen bedeutsamen Lerngegenstand für den Deutschunterricht. Die Berichterstattung in Online-Portalen wie auch in gedruckten Zeitungen wird durch Klickzahlen und Kommentare beeinflusst und gesteuert (beides hängt zusammen: intensive Debatten führen zu vielen Zugriffen, bei vielen Zugriffen entstehen Debatten). Gleichzeitig haben im deutschsprachigen Raum die Newsrooms oft nicht genügend Kapazitäten, um Kommentare auf der Seite und auf den Social-Media-Kanälen so zu filtern, dass konstruktive Debatten mit einem Mehrwert für das Publikum der Publikation entstehen und sich *Influencer* beteiligen, also Personen mit hoher Reichweite und Meinungskraft.

Damit sind einige wenige Aspekte angesprochen, die für die Entstehung einer nachhaltigen und sinnhaltigen Kommentarkultur notwendig sind. Doch die Problematik hat eine andere Seite, wie das folgende Beispiel zeigt, welches das Profil der österreichischen Autorin Stefanie Sprengnagel betrifft, die im Frühsommer 2016 in eine Online-Auseinandersetzung mit Thomas Glavinic verwickelt war, die hauptsächlich über Facebook ausgetragen wurde. In der Folge wurde ihr Profil gelöscht:

> Es ist derzeit nicht ganz einfach, mit Stefanie Sprengnagel in Kontakt zu treten. Man kann der österreichischen Schriftstellerin zwar eine Nachricht über Facebook schreiben, aber Sprengnagel schreibt nicht zurück. Weil sie es nicht kann, denn sie ist auf Facebook gesperrt. Sprengnagel, besser bekannt unter ihrem Pseudonym Stefanie Sargnagel, ist eine ironische Person, ihre Texte sind oft Satire, ihre Haltung ist politisch in aller Regel links.
>
> Würde sie das, was sie auf Facebook veröffentlicht, in einer Zeitung schreiben, entstünde gewiss ab und an eine Debatte über die Freiheit der Kunst. Auf Facebook aber drückt stattdessen ein Mitarbeiter die Taste Löschen – und die Sache ist erledigt. Natürlich nur für Facebook. Anderen Menschen fehlt ja etwas, nämlich der Text von Sprengnagel.
>
> Perfide daran ist, dass die meisten Nutzer meist gar nicht wissen, dass etwas fehlt. Anders als in einem Gerichtsverfahren ist die Öffentlichkeit nicht zugelassen, wenn Facebook seine Urteile fällt. (Boje, 2016)

Der dialektische Zusammenhang zwischen Zensur und Meinungsäußerungsfreiheit ist die Kehrseite einer Debatte über eine toxische Kommentarkultur. Facebook und Twitter kämpfen um Marktanteile, sind aber gleichzeitig redaktionell damit beschäftigt, Gesetzesverstöße und verbale Übergriffe, sogenannte *Hatespeech* (vgl. Stefanowitsch, 2016), unter Kontrolle zu bringen. So entsteht das Dilemma, einerseits den Benutzerinnen und Benutzern ein wirksames Kommunikationsmittel zur Verfügung zu stellen, das sie gerne nutzen – sie aber gleichzeitig dahingehend zu disziplinieren, dieses Nutzen innerhalb moralisch vertretbarer Grenzen anzusiedeln. Social Media gehört zur Meinungsäußerungsfreiheit, die aber möglicherweise eingeschränkt werden muss, wenn man etwa Carsten Dobschat folgt:

> Wenn man ein gesellschaftliches Bewusstsein dafür schafft, dass Sprache und die Art und Weise, wie man miteinander kommuniziert, eben durchaus verletzend und diskriminierend sein können, wenn man dafür arbeitet, dass die teilweise nun wirklich ins Widerlichste abgestürzten Diskussionen im Netz wieder konstruktiv und sachlich geführt werden, dann ist das keine Einschränkung der Meinungsfreiheit, sondern ein echter Beitrag *für* Meinungsfreiheit. Denn nur in einem gesellschaftlichen Klima, in dem nicht Hasskommentare und diskriminierende Äußerungen die Regel bei Diskussionen sind, trauen sich viele erst (wieder) ihre Meinung zu sagen! Jeder hat es schon gelesen oder gehört: »*Das wird man wohl noch sagen dürfen.*« Interessant an dem Satz und denen, die ihn am häufigsten gebrauchen, ist aber eher, dass diese Personen widersprechende Meinungen nur ganz schwer ertragen können und sie gerne beseitigen würden. (Dobschat, 2016)

Dieser Komplex gehört ins Curriculum eines zeitgemäßen Deutschunterrichts, weil er die Meinungsbildung breiter Bevölkerungsteile, ein Bewusstsein über die Macht der Sprache, ein Verständnis von Freiheit und Grundrechten sowie Entwicklungen der Medienlandschaft betrifft. Werden Schülerinnen und Schüler in klassische Modelle des Journalismus eingeführt, machen sie sich falsche Vorstellung von realen Abläufen in Redaktionen und von der Nachrichtenrezeption. Folgende Zugänge bieten sich für eine Auseinandersetzung an:
- Die spielerische Aufforderung des *Cuddlefish*-Teams, Kommentare zu moderieren, kann leicht in analoge Settings übersetzt werden, wenn etwa Kommentarspalten ausgedruckt als Diskussionsgrundlage dienen und Schülerinnen und Schüler aufgefordert werden, Entscheidungen zu fällen.

- Die Teilnahme an Debatten kann im Unterricht vorbereitet und in einem realen Setting durchgeführt werden. Die Schwerfälligkeit bei der Publikation von Leserbriefen entfällt, im Unterricht erarbeitete Kommentare werden in einem realen Setting gelesen und erhalten Rückmeldungen.
- Viele Sachtexte – vgl. z. B. die Literaturangaben zu diesem Abschnitt oder die Texte und Vorträge von Ingrid Brodnig (ein guter Einstieg ist Brodnig, 2016) – bieten gehaltvolle Diskussionsgrundlagen und laden zur Bildung einer eigenen Meinung ein. Die Themen »Hatespeech« und »Kommentarkultur« laden gerade im Zusammenhang mit der Möglichkeit, anonym oder pseudonym seine Meinung zu äußern, zu heftigen Debatten ein. Das Beispiel der Münkler-Watch, also des anonymen Blogs, in dem eine Lehrveranstaltung des Berliner Professors kritisiert wurde (Markwardt, 2015), kann leicht auf den Deutschunterricht adaptiert werden: Wäre es legitim, das Fach mit einem anonymen Blog zu begleiten? Aus solchen Fragen können argumentative Texte entstehen, die z. B. im Rahmen einer Blog-Arbeit die Basis für eine Reihe von Beiträgen darstellen könnten.

Hier wird deutlich, wie wenig mit einer formalen Kompetenzorientierung gewonnen ist: Die Fähigkeit, wirksame Kommentare zu schreiben, beherrschen Trolle bis zur Perfektion. Sie machen einerseits sichtbar, wo Grenzen von Systemen, Menschen und Kommunikationsvorgängen liegen (vgl. Wampfler, 2012), gleichzeitig überschreiten sie diese Grenzen auch ständig und bewirken so eine Abwertung und Verletzung anderer Menschen. Eine sinnvolle Unterrichtseinheit ermöglicht Jugendlichen, sich eigene Urteile zu bilden, auf deren Basis Teilhabe und Engagement an und in der Gesellschaft möglich sind.

Creative Commons

Die hier skizzierte Unterrichtseinheit über Creative-Commons-Lizenzierung wurde schon im Social-Media-Leitfaden publiziert (Wampfler, 2013, S. 165 ff.). Sie findet idealerweise im Rechtsunterricht statt, aber auch der Kunst- oder Literaturunterricht bietet die Möglichkeit einer Einbettung. So thematisiert der Deutschlehrer Torsten Larbig in einer Unterrichtseinheit zu Kafkas *Das Urteil* im Rahmen eines »medienpädagogischen Intermezzos« die Frage, wie

Quellen anzugeben sind und wie mit Material, das im Internet scheinbar »frei« verfügbar ist, umgegangen werden soll:

> Ich nutze die Ausgabe solcher freien Materialien, die im Internet legal kostenfrei verfügbar sind, um über freie Materialien mit den Jugendlichen ins Gespräch zu kommen und ihnen das Lizenzmodell der Creative-Commons-Bewegung zu erläutern. Dabei gehe ich dann auch auf die Frage ein, dass in den meisten Fällen von Schülerinnen und Schülern sowie von Lehrerinnen und Lehrern Material von z. B. Wikipedia fälschlicherweise ohne Lizenzangabe verwendet wird. Ich erkläre, wie man sich über die Exportfunktion auf Wikipedia schnell die korrekte Lizenzangabe mit dem dazu gehörenden Text erstellen lassen kann, sodass zukünftig korrekte und vollständige Literaturangaben bei nicht nur in kleinen Teilen zitierten Texten möglich sind – und dann von mir auch (notenrelevant) erwartet werden. (Larbig, 2012)

Der Plan dieser Unterrichtseinheit sieht einen zweiteiligen Einstieg vor, bei dem z. B. in Gruppenarbeit drei unterschiedliche Fragestellungen (1.–3.) erarbeitet werden und die Erkenntnisse dann in einer abschließenden Sequenz (4.) zusammengeführt werden.

1. *Was sind Commons bzw. Gemeingüter?*
Diese Fragestellung kann anhand von Auszügen aus dem ausgezeichneten Gemeingüter-Report der Heinrich-Böll-Stiftung (Helfrich et al., o. J.) bearbeitet werden, z. B. mit dem Liegestuhl-Beispiel von Heinrich Popitz (S. 6) oder den einfachen Übersichtsgrafiken mit Erläuterung.

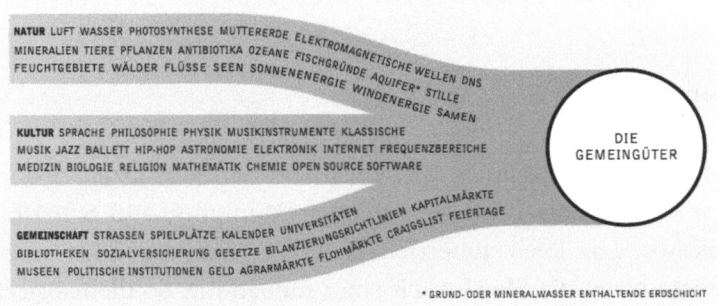

Abb. 17: Commons: Übersicht. CC BY-SA, Helfrich et al. (o. J., S. 9)

Die Aufgabe für die Schülerinnen und Schüler besteht darin, die Idee der Gemeingüter sowie den Zusammenhang von Ressourcen, Communities und Regeln zu erklären und an Beispielen zu veranschaulichen.

2. *Urheberrecht*
Am Beispiel der Fotografie kann gut erläutert werden, aus welchen Komponenten das Urheberrecht besteht: Urheberrecht der Fotografin oder des Fotografen und Recht am eigenen Bild. Eine Internetrecherche kann helfen, die strittigen Punkte herauszuarbeiten, insbesondere die Frage, was mit dem Urheberrecht genau geschützt wird und ob Menschen teilweise automatisch auf das Recht am eigenen Bild verzichten.

Angewendet werden kann diese Ausgangslage dann auf eine Infografik von Martin Mißfeldt, in der das Vorgehen bei der Verwendung von Bildern diskutiert wird.

Abb. 18: Nutzung von Bildern im Internet, CC BY-SA, Martin Mißfeldt

3. *Creative Commons als System*
Anhand der CC-Infografik von Mißfeldt und den Erläuterungen auf seinem Blog, der auch auf den erklärenden Text von Creative Commons verweist und die Symbole sauber erklärt, sollen die Schülerinnen und Schüler darlegen, welche Möglichkeiten Creative Commons bieten.

Zur Vertiefung wäre die Überlegung sinnvoll, ob NC *(non commercial)* und ND *(non derivatives,* Bearbeitung ist nicht erlaubt) überhaupt verwendet werden sollen. Bedenkenswerte Gedanken finden sich in Klimpel (2012).

4. *Zusammenführung, Anwendung und Ausblick*
Dieser Teil, bei dem die Erkenntnisse und das Wissen der Gruppenarbeiten ausgewertet und angewendet werden sollen, könnte mit einem Quiz beginnen:
- Darf ich ein Bild, das ich mit der Google-Suche gefunden habe, auf Facebook veröffentlichen?
- Darf ich einen Ausschnitt aus einem Text zitieren?
  a) Wenn er 20 Wörter lang ist?
  b) Wenn er 20 Seiten lang ist?
- Dürfen Lehrpersonen aus Lehrmitteln Kapitel kopieren und mit ihren Schülerinnen und Schülern bearbeiten? Spielt es dabei eine Rolle, ob sie eine digitale oder eine analoge Kopie benutzen?
- Was würde es bedeuten, wenn Sibylle Berg einen Roman unter Creative-Commons-Lizenz veröffentlichen würde?
- Wenn eine Schülerin mit dem Smartphone ein Foto macht – hat sie dann das Urheberrecht daran?
- Ist es illegal, einen Film oder ein E-Book gratis aus dem Internet runterzuladen?

Dann könnten Fragen diskutiert werden, welche die heutige rechtliche Praxis in den jeweiligen Ländern betreffen, den Umgang mit Urheberrechten in der Schule, die Publikation von Bildern und Texten im Internet und die Bedeutung von Quellenangaben. Diese Fragestellungen werden hier nicht genauer entwickelt, sie dürften sich aus dem Unterrichtskontext ergeben.

5. *Ausweitung: Rollenspiel*
Zusätzlich könnte in einem Rollenspiel ein ideales Urheberrecht entwickelt werden. Die Schülerinnen und Schüler vertreten jeweils eine Gruppe von Interessierten, z. B.:

- erfolgreiche Urheberinnen und Urheber, die von ihren Einnahmen leben,
- Urheberinnen und Urheber, die wenig oder keine Einnahmen erzielen,
- Konsumentinnen und Konsumenten von Inhalten,
- Internetnutzer, die häufig Inhalte runterladen (legal oder illegal),
- Politikerinnen und Politiker, die versuchen, eine möglichst hohe Lebensqualität und Rechtssicherheit herzustellen.

In sinnvollen Gruppen könnten dann grundsätzliche Regelungen festgelegt und verabschiedet werden – oder Differenzen beobachtet werden, die sich nicht lösen lassen.

Auseinandersetzung mit dem Turing-Test und Chatbots

Der Turing-Test besagt, Maschinen oder Computer könnten dann als intelligent gelten, wenn ein Mensch nicht in der Lage sei, in einem Chat mit einem menschlichen und einem maschinellen Partner zu bestimmen, von wem welche Äußerungen stammen. In der Debatte um künstliche Intelligenz gibt es gegen diesen Test eine Reihe von Einwänden. Ein wichtiger stammt von John Searle, der im *Chinese-Room*-Experiment vorgeschlagen hat, sich einen Raum vorzustellen, in dem ein Mensch sitzt, der kein Chinesisch spricht, aber mit Hilfe eines Buches chinesische Botschaften, die unter der Tür durchgeschoben werden, beantworten kann. Dieser Mensch könne deswegen noch lange kein Chinesisch, so Searles Fazit. Per Analogieschluss ist ein Computer auch dann nicht intelligent, wenn er aufgrund seiner Programmierung simulieren kann, er könne eine natürliche Sprache sprechen.

Die Vorstellung einer menschlichen Maschine oder einer maschinellen Intelligenz hat eine lange Geschichte. Man denke etwa an den Schachroboter, den Wolfgang von Kempelen 1769 gebaut hat, und gegen den angeblich Friedrich der Große und Napoleon verloren haben. Er hat Autoren wie Edgar Allan Poe (*Maelzel's Chess Player*, 1836) und E.T.A. Hoffmann (*Die Automate*, 1814) zu Texten angeregt. Auch die kanonischen und neueren Texte mit Schachmotiv (etwa Glavinics *Carl Haffners Liebe zum Unentschieden*, 1998) beziehen sich explizit oder implizit auf die Vorstellung eines maschinellen Schachspiels. Diese Vorstellung wurde von IBM mit *Deep Blue* perfektioniert, dem Schachcomputer, der den Schachweltmeister Garry Kasparov 1997 in einem

Turnier geschlagen hat. Zu den Nachfolgeprojekten gehört *Watson*, ein Computerprogramm von IBM, das in der US-amerikanischen Spielshow *Jeopardy* 2011 zwei erfolgreiche Spieler geschlagen hat. Die Spielshow stellt sprachlich komplexe Fragen, die auch den kreativen Einsatz von Allgemeinwissen verlangen. *Watson* kann also besser als Menschen Wissensbestände aufbereiten, wenn die Bedingungen dafür geklärt sind. Das Programm wird in der Medizin zur Entscheidungsunterstützung beigezogen, es bereitet dabei Patientendaten und Studienergebnisse auf und macht Empfehlungen, bei denen jeweils der Grad der Zuverlässigkeit angegeben wird. Watson wurde auch schon als universitäre Hilfskraft bei Online-Kursen eingesetzt, wo das Programm die Person »Jill Watson« verkörperte und Studierende betreute, indem es Abgabetermine anmahnte, Tipps gab und Fragen von Studierenden beantwortete. Selbst mit den Funktionen von *Watson* vertraute Studierende ahnten nicht, dass sie es mit einem Programm und nicht einer Person zu tun hatten (Korn, 2016).

Ob der Turing-Test mit solchen Tools oder reinen Chat-Applikationen bestanden ist, bleibt Gegenstand einer Fachdiskussion (vgl. Masnick, 2014). Durch die Verfügbarkeit von immer stärkeren *Chatbots*, also Programmen, die an Gesprächen teilnehmen, hat diese Frage aber hohe Relevanz für ein Verständnis von Kommunikation und Interaktion. Besonders Medienportale haben den Nutzen solcher Bots entdeckt:

> Wenn der Nutzer in der App nach »BuzzFeed News« sucht, öffnet sich ein Dialogfenster und der BuzzBot begrüßt ihn zum Beispiel mit: »Hi! Mein Name ist BuzzBot. Ich sammele Storys über den Parteitag der Republikaner in Cleveland. Verfolgen Sie den Parteitag?« Der Nutzer hat drei Antwortmöglichkeiten: »Nein«, »Ja, ich bin in der Stadt« und »Ja, von zu Hause aus«. Gibt der Nutzer an, dass er auf dem Parteitag ist, fragt der Bot: »Möchten Sie mir vielleicht Fotos oder Videos schicken von dem, was um Sie herum passiert?« Der Nutzer kann darauf eingehen oder nicht. Aber der Sinn der Einrichtung wird klar: BuzzFeed setzt den Bot nicht primär ein, um den Leser zu informieren, sondern um umgekehrt Informationen vom Leser zu gewinnen, der als Bürgerjournalist akquiriert wird. (Lobe, 2016)

Neben Bots von *CNN*, dem *Wall Street Journal* und *BuzzFeed* gibt es auf Facebook bereits 11000 Bots, welche sich über die Messenger-Funktion mit Inte-

Abb. 19: Beispiel für die Funktionsweise der Resi-App

ressierten unterhalten. Die App *Resi* hat im deutschsprachigen Raum viel Aufmerksamkeit erhalten. Sie bietet Nutzerinnen und Nutzern Nachrichten in der Form von WhatsApp-Chats an.

Die so verschickten Nachrichten sind insofern personalisiert, als sich die Programme an den Ort und die Interessen der Verwendenden anpassen und eine Selektion vornehmen. Allerdings reagieren sie heute noch schlecht auf unerwartete Situationen und das Bedürfnis nach einem breiten Themenspektrum.

Diesen Trend in seinem historischen Kontext zu verstehen und die Bedeutung von maschinellem Journalismus zu erkennen, kann als wesentliche Kompetenz bezeichnet werden. Im Deutschunterricht bieten sich folgende Zugänge an:

1. Lektüre von Filmen und Computerspielen, Sachtexten oder Belletristik zum Thema (z. B. *Deus Ex Machina* von Alex Garland, GB, 2015, Novellen von E.T.A. Hoffmann etc.)
2. Projektarbeiten zu ausgewählten Fragestellungen (auch ein ideales Thema für die Erarbeitung in einem Blog), z. B. zu den Problemen mit Microsofts Twitter-Bot *Tay*, der durch Interaktion von Usern auf Twitter lernte und so in kurzer Zeit damit begann, rassistische und hetzerische Tweets abzusondern (Sickert, 2016).
3. Dokumentation eigener Erfahrungen mit Chatbots, z. B. dem Turing-Test bei *mitsuku.com* (nur in Englisch möglich), oder dem Brain-Chatbot auf *thebot.de*.
4. Auseinandersetzung und Diskussionen zu Interpretationen des Turing-Tests. Eine gute Einführung in die Problematik findet sich bei Kühl (2014). Als Weiterführung bietet sich die Analyse von Jaron Lanier an (2012, S. 47 ff.). Er kontextualisiert den Test zunächst als viktorianisches Gesellschaftsspiel und bringt ihn mit der Person Turings in Verbindung (vgl. dazu auch den Film *The Imitation Game*, Morten Tydlum, USA 2014). In der darauffol-

genden Interpretation hält Lanier fest, der Turing Test messe zwei Dinge gleichzeitig: Das Verhalten der Chatpartner A und B – aber auch die Anforderungen, welche die beobachtende Person C an menschliches Verhalten stellt. Für Lanier hängt das Aufkommen von Chatbots damit zusammen, dass die Benutzung von Mobiltelefonen und Computern zu einer Senkung dieser Anforderungen geführt habe. Wenn z. B. schulische Leistungen nur noch in Bezug auf standardisierte Tests, also Algorithmen, gemessen werden, dann wird menschliches Verhalten bald so beurteilt, wie man die Leistung von Computern einschätzt.

Rhetorik: Konzeptionelle Mündlichkeit, Emojis und Youtube

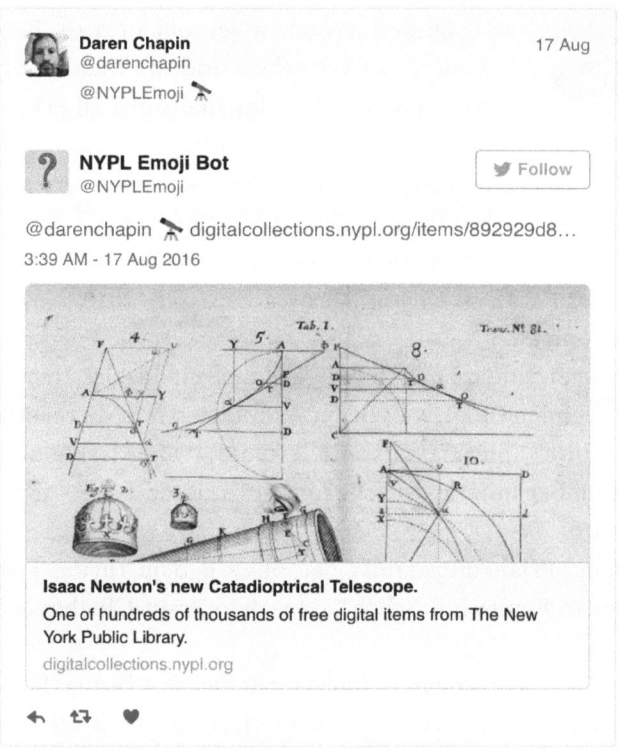

Abb. 20: Twitter-Bot der New York Public Library

Die New York Public Library hat im Sommer 2016 einen Twitter-Bot lanciert, der auf die Zusendung von Emojis mit einem Bild aus den digitalisierten Beständen der Bibliothek reagiert (Kennedy, 2016). Neben dem großen Unterhaltungswert verweist der Algorithmus auf die Attraktivität der Bestände und auf ihre digitale Verfügbarkeit.

Gleichzeitig nimmt die Bibliothek damit einen Trend auf, der in sozialen Netzwerken und Chats kaum aufzuhalten ist: die Verwendung von *Emojis*. Sie sind wie *Memes* und *gifs* (Bilddateien, die kurze Filmsequenzen enthalten) Bestandteile einer digitalen Kommunikation, die nicht mit den Mitteln der traditionellen Rhetorik zu erfassen ist. Sie sind mit der Schaffung neuer sozialer Normen verbunden: Wer unter Jugendlichen nicht emotionslos wirken will, muss Chatnachrichten mit Emojis versehen. Das Verhältnis von verwendetem Symbol und ausgedrückter Bedeutung ist meist vage vorgegeben und wird in der Jugendkultur sozial präzisiert.

In Bezug auf die soziale Normierung gleichen Emojis der Chat-Sprache. Wie Christa Dürscheid gezeigt hat, ist sie geprägt von konzeptioneller Mündlichkeit:

> Die gesprochene Sprache ist flüchtig, sie ist situationseingebunden, sie unterliegt den Bedingungen von Zeit und Raum und ist phylo- und ontogenetisch primär. Kommunikation in gesprochener Sprache verläuft synchron, Mimik, Gestik und Intonation treten zu den verbalen Ausdrucksmitteln hinzu. Weiter ist die gesprochene Sprache körpergebunden und stellt ein Lautkontinuum dar, besteht also nicht, wie die Schrift, aus einer Summe diskreter Einheiten. Nur die beiden letztgenannten Eigenschaften sind konstitutiv für gesprochene Sprache, in allen anderen Fällen handelt es sich um Merkmale, die durchaus auch wegfallen können. [...] Die [Chat-]Kommunikation ist also weder synchron noch flüchtig. Letzteres wäre nur dann der Fall, wenn über das Internet tatsächlich miteinander gesprochen würde, wenn also z. B. ein Gespräch via Skype geführt wird oder man sich in einem Online-Spiel in einem Voice-Chat austauscht. Nur dann kann man auch streng genommen von *Mündlichkeit in den neuen Medien* sprechen, in allen anderen Fällen sollte (nur) von konzeptioneller Mündlichkeit die Rede sein. (Dürscheid, 2011, S. 185)

Konzeptionelle Mündlichkeit weise, so Dürscheid, zwar »Dialogizität, Vertrautheit mit dem Partner, freie Themenentwicklung [und] Affektivität« auf, aufgrund der fehlenden Synchronizität und Flüchtigkeit handle es sich dabei aber nicht um Gespräche (ebd., S. 181).

An einem rhetorischen Phänomen aus der Chat-Sprache lässt sich das veranschaulichen: Jugendliche verwenden die Möglichkeit, Lexeme unterschiedlich zu schreiben, weil Normen der formalen Schriftsprache aufgrund der Verwendung von Dialekt durch Normen der sozialen Interaktion ersetzt werden. Es wird also möglich, alle Grapheme zu verwenden, die eine phonetische Interpretation erlauben, die lautlich nahe an das gemeinte, gesprochene Wort herankommt.

Konzentriert man sich auf das Lexem »okay« und einige seiner Schreib- und Interpunktionsmöglichkeiten in Chats in der Deutschschweiz, so wird deutlich, dass aus der Kombination 50 bis 100 Möglichkeiten entstehen, derer sich Teilnehmerinnen und Teilnehmer eines Chats bedienen können.

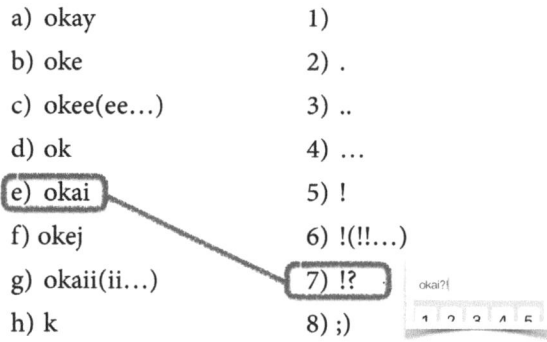

a) okay   1)
b) oke   2) .
c) okee(ee…)   3) ..
d) ok   4) …
e) okai   5) !
f) okej   6) !(!!…)
g) okaii(ii…) 7) !?
h) k   8) ;)

Abb. 21: Varianten der »okai«-Schreibung in schweizerdeutschen Chats

Diese Varianten werden, wie das die Sprachökonomie nahelegt, sofort mit Bedeutungsunterschieden belegt. Außerhalb sozialer Gruppen können sie kaum entschlüsselt werden. Innerhalb der sozialen Gruppen werden Varianten, die den Normen der Standardsprache entsprechen, tendenziell als kühl und aggressiv beurteilt. Das gilt ebenso für Punkte und Auslassungszeichen, sogar die freundlicheren Möglichkeiten können schnell in negative Interpretationen kippen. So ist die Verwendung des Zwinker-Smileys »;)« äußerst zwiespältig: Es kann signalisieren, eine Äußerung sei nicht ernst gemeint, aber auch Verachtung gegenüber dem Empfänger oder der Empfängerin ausdrücken: Sie selbst werden nicht ernst genommen, indem verletzende Aussagen als halbernst markiert werden. So wird dem Gegenüber die Möglichkeit genommen, sich zur Wehr zu setzen.

Reflexionen in Fokusgesprächen unter Jugendlichen machen deutlich, dass die Möglichkeit, sich dieser Varianten zu bedienen, einer Entscheidung bedarf. Nicht nur das Verfahren des *Opt-In,* wie das in der digitalen Begrifflichkeit heißen müsste, sondern auch das des *Opt-Out* scheint denkbar: Jugendliche sind so aufgebracht über die Missverständnisse und Diskussionen, die aus diesem Phänomen entstehen, dass sie sich ihm teilweise verweigern und das wichtigen Kontakten auch mitteilen.

Es wird hier deutlich, dass in der informalen Kommunikation Jugendlicher Problemstellungen bei der Verwendung konzeptuell mündlicher Schriftsprache auftreten, deren Reflexion und Bewältigung herausfordernd sind. Wenn Dürscheid beispielsweise die Frage intensiv diskutiert, ob denn Chat-Sprache zu einer qualitativen Beeinträchtigung von Schultexten führe, nimmt sie eine deutschdidaktische Normierung vor: Textsorten der Schule werden den Textsorten des Alltags vorgezogen – sie werden nicht als Hilfsmittel dazu verstanden, um sich in der Lebenswelt sprachlich adäquat zu verhalten, sondern vielmehr wird die Bewältigung alltagssprachlicher Probleme als Gefahr für die schulische Leistungsfähigkeit angesehen. Werden deutschdidaktische Implikationen der Rhetorik der Neuen Medien diskutiert, wäre eine Umkehrung dieser Priorisierung eine wesentliche Einsicht: Digitaler Deutschunterricht zielt darauf ab, Kompetenzen zu vermitteln, die dabei helfen, neue sprachliche Normen zu beschreiben und zu reflektieren.

Wer reitet so spät durch Nacht und Wind?
Es ist der Vater mit seinem Kind;
Er hat den Knaben wohl in dem Arm,
Er fasst ihn sicher, er hält ihn warm.

Mein Sohn, was birgst du so bang dein Gesicht?-
Siehst, Vater, du den Erlkönig nicht?
Den Erlenkönig mit Kron und Schweif?-
Mein Sohn, es ist ein Nebelstreif.-

Abb. 22: Emoji-Umsetzung des Erlkönigs, Mareike Döring, *zebrabutter.de*

Zur Bedeutung von Emojis für den Deutschunterricht gibt es eine Reihe von scherzhaften Annäherungen. Das abgebildete Erlkönig-Beispiel lässt jedoch erahnen, dass hier ein literaturdidaktisches *Potenzial* schlummert. Am Beispiel von Projekten zur medialen Umformung von *Werther*, wie sie etwa Stephan Porombka vorgeschlagen hat (vgl. S. 92 ff.), wird erkennbar, dass sie eine doppelte Analyse sowohl der fremden wie auch der eigenen Kommunikationspraxis und rhetorischen Verfahren ermöglichen. Im Übertragungsprozess in alltagssprachlich vertraute mediale Praktiken werden sie auf ihre Tragfähigkeit für literar-ästhetische Verfahren und tiefgründige Botschaften geprüft. Welche Emojis würde Goethe heute einsetzen, wenn er den Erlkönig schriebe? Wie würde Werther Snapchat benutzen? Die Fragen klingen trivialer als sie sind – sie bedingen beispielsweise eine Einschätzung des Verhältnisses von Goethes Roman zu zeitgenössischen Briefvorstellungen und eine Reflexion über aktuelle Brief- bzw. E-Mail-Romane wie die von Daniel Glattauer.

Chats entwickeln sich darüber hinausgehend zunehmend in eine Richtung, welche die klare Abgrenzung zwischen konzeptionell mündlicher digitaler Kommunikation und echten Gesprächen erschweren. Dürscheid bezeichnet die Körpergebundenheit und das Lautkontinuum als konstitutive Merkmale medialer Mündlichkeit (2011, S. 180). In den letzten drei Jahren hat *Snapchat* als Kommunikationsplattform unter Jugendlichen starke Verbreitung gefunden. Die App erlaubt es, Smartphone-Bilder zu verschicken oder in einer persönlichen »Geschichte« zu veröffentlichen. Alle Publikationen sind temporär und können spätestens nach 24 Stunden nicht mehr abgerufen werden. Texte nehmen in diesen Chats eine untergeordnete Funktion ein. Botschaften werden meist rein visuell vermittelt, oft auch durch Selfies, die mit einer einfachen Zeichnungsfunktion verziert werden. Ist das eigene Gesicht Grundlage für die Kommunikation von emotionalen Inhalten und anderen Botschaften, ist die Körpergebundenheit gegeben. Eine 13-jährige US-Amerikanerin erklärte in einem BuzzFeed-Interview, wie sie auf Snapchat-Botschaften ihrer Freundinnen reagiere:

[Frage: »How do you respond?«]
No conversations ... it's mostly selfies. Depending on the person, the selfie changes. Like, if it's your best friend, you make a gross face, but if it's someone you like or don't know very well, it's more regular. [...] It's about

being there in the moment. Capturing that with your friends or with your expression. (Rosen, 2016)

Aus philosophischer Perspektive kann mit Foucault deshalb davon gesprochen werden, Rhetorik stelle eine Selbsttechnologie dar. Sylvia Pritsch hat davon ausgehend eine postmoderne Perspektive auf Rhetorik formuliert, die sich für eine Analyse von Snapchat sehr gut eignet:

Die strukturelle Nichtkontrollierbarkeit des Verhältnisses von Sagen und Tun stellt [...] die Möglichkeit des Gelingens wie ein permanentes Risiko dar. Eine neue Dimension des Rhetorischen wird durch das körperlich-materielle Moment als Produzent und Speicher von Bedeutung eingeführt: Der Körper als performativer Signifikant bzw. verkörpertes Narrativ verschafft der Bedeutung der Rhetorizität als Grundbedingung postmoderner Existenz wie auch der klassischen Funktion der Rhetorik als kulturelles Gedächtnis eine neue Begründung. (Pritsch, 2009, S. 106)

Diese Einsichten stehen auch in einem Bezug zur Rhetorik, die Youtube prägt. Youtube hat Fernsehen als Leitmedium für Teenager abgelöst: Rund 60 % der Teenager in Deutschland nutzten Youtube 2015 täglich (Statista, 2016) – der Anteil ist bei den 12- bis 14-Jährigen am höchsten. Spätestens seit der Youtuber *LeFloid* die Bundeskanzlerin Angela Merkel im Juli 2015 interviewt hat, ist einem breiten Publikum deutlich geworden, wie wichtig die Nachrichtenvermittlung für Jugendliche und junge Erwachsene über diese Kanäle geworden ist. LeFloid hat rund 2.8 Millionen Abonnenten, seine Videos werden von rund einer Million Zuschauerinnen und Zuschauern angeschaut. Die Kritik von Frank Lübberding am Interview mit der Kanzlerin verweist auf die Bedeutung der Youtube-Information für die politische Bildung:

Mundt [so heißt LeFloid mit bürgerlichem Namen] prägt mit seiner Reichweite das Verständnis vieler junger Leute von der »großen Politik«. Sie halten sie wie er für eine fremde Welt, der sie nur noch mit Unverständnis gegenüberstehen. Unsere Gesellschaft verliert damit einen Teil ihres früheren Selbstverständnisses über deren Rolle – und die Funktion des politischen Journalismus in diesem politischen Betrieb. (Lübberding, 2015)

Die Frage nach einer Youtube-Rhetorik zielt auf die Verfahren, aus denen ein neues Selbstverständnis entstanden ist. Rhetorik meint hier konkret die Untersuchung der eingesetzten Verfahren, um Absichten mitzuteilen oder zu verschleiern, um zu überzeugen, eine Reaktion auszulösen. Von besonderem Interesse ist zudem, welche Intentionen oder Reaktionen im Vordergrund stehen.

Beim Vorstellen des Youtube-Kanals von Onision argumentierten zwei 16-jährige Schülerinnen im Unterricht wie folgt:

> Wenn wir durch die Kommentare scrollen, fällt auf, wie wenige Hater Onision hat. Wir haben drei Vermutungen, warum das so sein könnte: Erstens tritt er selbst schon sehr beleidigend und oft auch fast aggressiv auf, so dass es für Hater vielleicht gar nicht mehr lustig ist, zu haten. Zweitens nimmt er sich selber auch nicht so ernst, er macht Faxen und tanzt so blöd rum. Und drittens spielt er eine Rolle, wir merken, dass er nicht wirklich im Internet mit seinen Kollegen lustige Bilder sucht, sondern das nur macht, um uns zu unterhalten. (private Quelle)

Hier wird das deutlich, was mit Rhetorik gemeint ist: die Verfahren, mit denen Eigentliches und Uneigentliches, Inszenierung und Realität, Meinungen und Beschreibungen sowie Absichten und Handlungen oder Reaktionen voneinander getrennt werden. »Hater« bzw. »haten« ist ein Fachbegriff, der mit rhetorischen Einsichten zu tun hat: Er bezeichnet eine Polemik, in der *Ad-Hominem-* und *Strohmann-*Argumente, Hyperbeln und Ironie eine große Bedeutung spielen, aber letztlich nur Aufschluss über bestimmte Absichten geben. Abzugrenzen ist der Typus des »Haters« beispielsweise vom positiv besetzten Begriff des »Fanboys« oder »Fangirls«, die unkritisches Lob äußern und sich bedingungslos solidarisch zeigen. Eine weitere, weniger scharfe Grenze verläuft zwischen dem »Hater« und dem »Troll«: Die Figur des Trolls verwendet scheinbar interessierte Fragen oder scheinbar neutrale Hinweise und Behauptungen, um vom Thema abzulenken und Unruhe zu stiften. Er ist ein Meister der Rhetorik des *Derailings*, beherrscht also eine Reihe von Strategien, um thematische Verlagerungen oder Verschiebungen von Werten vorzunehmen.

Problematisch an populären Youtube-Videos können rhetorische Mittel sein, die beispielsweise in *Texte, Themen und Strukturen* »Strategien der Beeinflussung« genannt werden (Schurf/Wagener, 2014, S. 296). In der dort vorgeschlagenen Unterrichtseinheit analysieren die Schülerinnen und Schüler Auszüge aus der Sportpalast-Rede von Goebbels. Im Lehrbuch werden Überzeugungsstrategien positiv von Strategien der Beeinflussung abgegrenzt:

> Wo ein Redner/eine Rednerin die eigenen Ziele und Beurteilungsmaßstäbe offenlegt und auf dieser Basis zu Kritik und Selbstkritik ermuntert, wo mit rationaler Argumentation Denkanstöße geliefert werden und auch ein Bemühen um Konsens deutlich wird, werden Überzeugungsstrategien eingesetzt. (ebd.)

Von einer Youtube-Rhetorik zu sprechen, wäre nur dann tragfähig, wenn im Medium spezifische Phänomene aufschienen, die mit herkömmlichen didaktischen Ansätzen nicht zu bewältigen waren. Das im Folgenden zur Analyse herangezogene Video stammt aus einem der populärsten Kanäle: Es ist ein Auszug aus einem Video von Dagi Bee (bürgerlich: Dagmar Nicole Ochmanczyk), das exemplarisch für den Youtube-Mainstream steht, der ein breites jugendliches Publikum anspricht. Sie äußert darin explizit und implizit mehrere Absichten, die sie mit dem Beitrag verfolgt:

> Ich hoffe, euch hat das Video gefallen, und ich hoffe, ihr konntet auch etwas darüber lachen und vielleicht so ein bisschen so »throwback« von früher haben. Das sind auf jeden Fall sehr, sehr witzige und private Dinge gewesen. (Dagi Bee, 2015, Transkription Ph.W.)

Ist der Unterhaltungsaspekt des Videos formal und inhaltlich genauso augenfällig wie das inhaltliche Ziel Dagis, sich mit einer früheren Version des eigenen Ich zu vergleichen und davon abzugrenzen, dürften damit verbundene Strategien weniger offensichtlich sein: Dazu gehört eine Rhetorik der Intimität, welche die parasoziale Beziehung des Publikums zur Figur Dagi Bee stützt. Damit sind Formen von einseitigen Beziehungen zu medial vermittelten, realen oder fiktionalen Persönlichkeiten gemeint, die mit der Illusion verbunden sind, die Verbindung würde auch außerhalb des Medienkonsums bestehen und zu einer Reihe von Nachahmungseffekten führen. Untersuchungen zu parasozialen Beziehungen gibt es schon seit den 1950er-Jahren. Sie können – stark vereinfacht – nachweisen, dass diese einerseits den Genuss am Medienkonsum steigern und damit auch seine Intensität, andererseits aus einer Vielzahl von Faktoren genährt werden: Emotionale, kognitive und verhaltensbezogene Anreize sind allesamt Ursachen für parasoziale Beziehungen.

Dieser Aspekt der Beeinflussung bleibt den Zuschauerinnen und Zuschauern beim Video von Dagi Bee verborgen: Der einleitende Kommentar mit der Stimme einer Zuschauerin, welche Dagis Frisur beurteilt, zeigt beispielsweise die Erwartung, dass im Publikum über das Äußere von Dagi gesprochen wird. Sie gibt eine Möglichkeit vor, das Video online zu kommentieren und im Freundeskreis zu diskutieren. Gleichzeitig geht die Sprecherin explizit auf das Setting und die intime Situation ein: Auf ihrem Bett liest sie aus ihrem geheimen Tagebuch vor. Sie schämt sich nicht, das Publikum mit Geschichten aus ihrer Vergangenheit zu unterhalten, die ihr heute scheinbar peinlich sind. Das macht schon der Titel deutlich (»Fast in die Hose gepinkelt & erste große Liebe«): Er lenkt die Spannung auf die Frage, wann Dagi den Urin wohl kaum hat halten können und wer denn ihre erste Liebe gewesen sein könnte.

Manipulativ ist schließlich auch der Schluss des Videos: Auf der Oberfläche bittet Dagi um Feedback – die Bewertungsfunktion von Youtube sei eine Möglichkeit, ihr mitzuteilen, wie sie ihr Programm gestalten solle. Tatsächlich geht es aber darum, die Sichtbarkeit des Kanals zu erhöhen. Dadurch steigen Zuschauerzahlen und letztlich auch die Einnahmen des Produktionsteams, das regelmäßig dafür kritisiert wird, versteckte Werbung als Einnahmequelle zu nutzen (vgl. Reinbold, 2015).

Fassen wir diese knappe Analyse zusammen, so stellen sich folgende Punkte als relevant heraus: *Erstens* verwendet Dagi eine verbale und nonverbale Rhetorik der Intimität, mit der sie unterhält, aber auch die einseitige Beziehung verstärkt, welche das Publikum zu ihr unterhält. Dabei kann davon ausgegangen werden, dass das Video eine doppelte Adressatenstruktur aufweist: Es spricht in der Beschreibung explizit die sogenannten »Bee's« an, also die jüngeren, meist weiblichen Teenager, die sich darüber definieren, Fans von Dagi zu sein. Implizit richtet sich das Video aber auch an ein an Dagi erotisch interessiertes Publikum, was damit belegt werden kann, dass es bereits einen Porno-Kanal gibt, in der eine weibliche Darstellerin die Rolle von Dagi spielt.

Die vorgespielte Intimität erlaubt der Schauspielerin *zweitens*, den Zuschauerinnen und Zuschauern Interaktionsmöglichkeiten vorzuschlagen, deren Nutzen ein anderer als der angegebene ist: Die Vorteile für Dagi Bee und ihr Team werden versteckt und verschleiert. Drittens funktioniert das Video im Sinne Frederkings (2014) symmedial: Es erzielt seine Wirkung durch seine Einbettung in einen Youtube-Kontext.

Es gibt also spezifische Techniken, mit denen erfolgreiche Akteure auf Youtube ihr Publikum beeinflussen. Sie erzeugen bewusst und symmedial parasoziale Interaktion, indem sie vorgeben, einen ungefilterten Einblick in ihr Leben und oder Denken zu geben. Die Illusion, es bestehe ein Interesse an Dialog oder Feedback, wird zu einem großen Teil als Basis für Einnahmequellen und als Datengrundlage für eine Optimierung der eigenen Aktivitäten genutzt. Das sind die spezifischen Eigenschaften dieser Videos, die mit rhetorischen Techniken und Effekten erzielt werden, die aufgrund ihrer medialen Einbettung über traditionelle Aspekte der Redeanalyse hinausgehen. Youtube-Stars schaffen zudem ihre in sich geschlossene Welt, indem sie sich von traditionellen Massenmedien abgrenzen: »Es ist alles bescheuerte Scheiße, was da in den Medien steht« – mit dieser drastischen Formulierung kritisierte beispielsweise Dagis langjähriger Partner, der ebenfalls sehr erfolgreiche Youtuber Liont, die Berichterstattung über das Paar. Die von Lübberding problematisierte Vorstellung vieler Youtuber, die Welt der Politik und der Erwachsenen sei eine »fremde Welt« mit falschen Werten, wird von den Akteuren und ihren Produktionsteams bewusst und mit klaren rhetorischen Strategien erzeugt (Lübberding, 2015).

Daraus leitet sich ein Auftrag für den Deutschunterricht ab, sich mit diesen Zusammenhängen auseinanderzusetzen. Er kann an eine Einsicht aus einem Aufsatz Kaspar Spinners aus den 1990er-Jahren angebunden werden:

Jedes Reden ist ein Stück Selbstdarstellung im Sinne der Identitätsbildung. Die Redeerziehung soll deshalb immer darauf angelegt sein, die Lernenden so zu fördern, dass sie sich in ihrem Reden selbst finden. (Spinner 1997, S. 20)

Diese Erkenntnis hat durch die verschiedenen Praktiken der Inszenierung der eigenen Identität in sozialen Netzwerken an Bedeutung gewonnen. Daraus ergeben sich folgende Möglichkeiten für den Deutschunterricht:
1. Rhetorik kann und muss auch heute im Unterricht ein Amalgam aus Praxis, analytischem Werkzeug und einer kulturhistorischen Horizonterweiterung sein.

Gerade etablierte Lerngegenstände eignen sich für die Adaption auf Neue Medien. So ließe sich etwa mit Gewinn fragen, ob die Videos von Dagi Bee oder anderen Youtubern den rhetorischen Maximen entsprechen, die sich etwa bei Gora (1998, S. 78) finden:
a) Spricht nur so sachorientiert wie nötig.
b) Sprich verständlich.
c) Sprich strukturiert.
d) Sprich möglichst frei.
e) Sprich möglichst du-orientiert.

An Youtube-Videos eigener Wahl könnten die Maximen überprüft, diskutiert und allenfalls modifiziert werden.

Daran kann ein Vergleich mit anderen Formen manipulativer Rede, etwa in politischen Kontexten oder im Marketing anschließen. Ziel ist es einerseits, rhetorische Zusammenhänge zu verstehen, sie zu beurteilen, andererseits Analysekategorien für die mediale Umwelt Jugendlicher zu entwickeln. Jugendliche sind oft einem großen Druck ausgesetzt, Entwicklungen distanzlos nachzuvollziehen, für deren Bewältigung etablierte Themen des Deutschunterrichts wie etwa die Beschäftigung mit der Differenz zwischen Boulevard- und Qualitätsmedien wenig beitragen.

2. Die Dynamik der technischen und medialen Entwicklung erfordert eine aktive rhetorische Gestaltung. Das symmediale Miteinander von Video, Audio, Bildern und Texten, die Kopien und *Remixes,* die Inszenierungen und Fälschungen oder der Wettkampf um Aufmerksamkeit mit scheinbarer Authentizität sind nur Facetten von Phänomenen und Problemen, deren Bewältigung Jugendlichen zugemutet wird. Mitzureden wird zur einzigen Möglichkeit, die Wirkung rhetorischer Mittel einschätzen zu können.

Hier kann der Deutschunterricht Angebote machen, Youtube als produktives Medium einzusetzen. Kleine *VLogs*, etwa zu Nachrichtensendungen, sind ein Weg, den bereits einige Schulen eingeschlagen haben (vgl. etwa den Youtube-Kanal der Kantonsschule Wettingen aus der Schweiz). Aber auch Blogprojekte lassen sich ohne großen technischen Aufwand als VLogs umsetzen, so lange die Qualitätsansprüche an die Produkte nicht zu hoch sind. Die Arbeit mit Youtube macht deutlich, wie aufwendig die Produktion professioneller Filme ist.

3. »Sommers Weltliteratur To Go« verkürzt literarische Klassiker auf unterhaltsame Youtube-Videos, die mit Playmobil-Figuren gedreht werden. Michael Sommer, der verantwortliche Produzent, ist Literaturwissenschaftler und arbeitet mittlerweile für den *Reclam*-Verlag. Seine Videos können eine Inspiration für ähnliche Stop-Motion-Filme darstellen, die ein tiefes Verständnis literarischer Texte erfordern und einen hohen Wert für andere Schülerinnen und Schüler aufweisen.

Diese drei Beispiele zeigen, wie Rhetorik im zeitgemäßen Deutschunterricht in eine breitere Auseinandersetzung mit der medialen Umwälzung eingebettet wird. Bestimmte rhetorische Techniken bewusst beherrschen und analysieren zu können, ist die Basis für daran anschließende Lernprozesse. Deshalb ist die aktive Auseinandersetzung mit der Rhetorik Neuer Medien unerlässlich.

Memes als Embleme

Abb. 23: Konfuzius-Meme

Eine Deutschklasse hat sich in einer interkulturellen Einheit mit Konfuzius-Texten beschäftigt. Bald darauf wurden *Memes* wie das oben stehende im Klassenchat verschickt. Memes folgen bestimmten Regeln, die sie offenbar so attraktiv gemacht haben, dass sich diese spezifische Kombination von Bild, Hintergrund und Text durchgesetzt hat. Der Text folgt dabei in der Regel zwei Vorgaben: Er ist erstens in *Engrish* abgefasst, einer humoristischen und rassistischen Bezeichnung für das fehlerhafte Englisch von Menschen mit asiatischer Muttersprache. Zweitens klingt der erste Teil nach einer Weisheit (»Man wird müde, wenn man vor dem Bus rennt, (statt bequem mitzufahren o. Ä.«) – während der zweite Teil klar macht, dass es sich um ein (oft anzügliches) Wortspiel handelt (hier geht es um die Doppeldeutigkeit von »exhausted«, das »erschöpft«, aber auch »verausgabt« bedeuten kann).

Die Frage, was ein Meme genau sei, ist nicht so leicht zu beantworten – obwohl der Begriff in der Netz- und Jugendkultur sehr stark verbreitet ist. Christopher von Bülow hat in einem dichten Lexikoneintrag die philosophischen Hintergründe des Meme-Begriffs dargelegt und sie auch kritisiert (von Bülow, 2013). Der Begriff geht auf den Evolutionsphilosophen Richard Dawkins zurück, wird aber oft in einem engeren Sinne benutzt. Es lassen sich vier Formen unterscheiden:

1. *Weiter Meme-Begriff*
   Memes sind Informationen, die vervielfältigt werden können und so einen Evolutionsprozess durchlaufen: Sie werden durch die Replikation verändert, danach erfolgt eine Selektion. Ein gutes Beispiel dafür ist ein Witz: Er wird mit jedem Erzählen verändert, aber er bleibt nur dann bestehen, wenn er als lustig und erzählenswert empfunden wird. In diesem Sinne sind alle Arten von Ideen oder Informationen, die sich haben durchsetzen können, Memes: Ackerbau, Buchdruck, Seitennummerierung in Büchern, Personalausweise …

2. *Netz-Meme*
   Im digitalen Sinne sind Memes Informationskombinationen, die im Netz wiedererkannt werden. Das können bestimmte Bilder sein (der Facebook-Daumen, der Twitter-Fail-Whale) oder auch Textbausteine (»aus Gründen«, »ftw«, »fml«) – oder die Kombination mehrerer Elemente in multimedialen oder interaktiven Zusammenhängen.
   Vom weiten Meme-Begriff wird übernommen, dass ein Meme erst dann wahrnehmbar wird, wenn eine kritische Menge von Akteurinnen und Akteuren es geteilt und rezipiert hat.

3. *Regelgesteuertes Text-Bild-Meme*
   Das Konfuzius-Meme entspricht einem engeren Meme-Begriff, weil es eine bestimmte Kombination von Text und Bild enthält. Folgt man der Regel, so kann man weitere ähnliche Kombinationen produzieren, die nicht kulturell bedeutsam werden müssen.

4. *Ästhetisches Text-Bild-Meme*
   In einem unspezifischen Sinne ist seit einiger Zeit auch die Rede von Memes, wenn ein bestimmtes Bild mit darüber liegendem Text kombi-

niert wird, ohne dass es dafür bestehende Regeln gibt. Der Wiedererkennungseffekt wird nicht vorausgesetzt, es geht nur noch um eine rein formale Form der Gestaltung.

Eine Diskussion dieser Begriffsgeschichte und eine Kritik der Begriffsverwendung sind geeignete Themen für den Deutschunterricht, die sich auch für selbstorientierte Arbeitsformen eignen.

Auch die Regeln einzelner Memes können von Schülerinnen und Schülern erarbeitet werden (etwa in einer *Pecha-Kucha-Präsentation* mit Beispielen), denkbar wären unter anderen:
- »In Soviet Russia« oder »Russian Reversal«
- Doge
- »Y-u-no-Guy«
- die Memes um die Bundeskanzlerin Merkel (z. B. Neuland, die Merkel-Raute, vgl. Wampfler 2016)

Eine Herausforderung ist das Thema deshalb, weil grammatikalische Sonderregeln mit inhaltlichen Vorgaben und dem Bild zusammengebracht werden müssen.

Gleichzeitig bietet sich ein Vergleich mit der emblematischen Kommunikation der Renaissance bzw. des Barock an: *inscriptio, pictura* und *subscriptio* führen bei Emblemen bimedial zu einer Gesamtaussage – ganz ähnlich wie bei Memes. Auch die Verankerung im kulturellen Gedächtnis, indem Zusammenhänge nur für Eingeweihte erschließbar sind, stellt eine Parallele zwischen Memes und Emblemen dar. Hier zeigt sich, dass eine literaturgeschichtliche Auseinandersetzung mit dem Barock im digitalen Deutschunterricht durch einen kritischen Blick auf zeitgenössische Kommunikationsformen erweitert und aktualisiert wird. Abschließend seien zwei Erweiterungen der Thematik skizziert:

1. *Entstehung von Memes: 4chan*
   Viele Memes lassen sich auf das Bilderforum *4chan* zurückführen (es ist nicht jugendfrei, hier müssen jüngere Schülerinnen und Schüler eng begleitet werden und unter Umständen mit moderiertem Material arbeiten, weil eine eigenständige Recherche auf *4chan* auch für Erwachsene kaum erträglich ist). *4chan* zeichnet sich einerseits dadurch aus, dass Bilder Ausgangs-

punkt jeder Diskussion sind, andererseits gibt es keine Möglichkeit, sich eine Identität anzueignen: Jeder Akteur heißt »Anonymous« oder in der deutschsprachigen Version *Krautchan* »Bernd«. Dadurch entsteht ein enthemmtes Kommunikationsklima, in dem Regeln dazu dienen, sicherzustellen, dass nur Eingeweihte mitreden. Die Verantwortung für das Gesagte sinkt jedoch, weil niemand sprachliches Handeln einer Person zuordnen kann. Ein Klima der permanenten Grenzüberschreitung ist der Nährboden für eine hässliche Trollkultur. Darin gedeihen Memes. So ist das Konfuzius-Meme vermutlich zum ersten Mal in diesem Forum aufgetaucht. Die Ideologie der *4chan*-Szene (vgl. Chen, 2014) führt aber dazu, dass viele Memes sexistische oder rassistische Botschaften transportieren – was in einer Unterrichts-Einheit ebenfalls Thema sein muss.

2. *Mit Memes kreativ umgehen: »Gefühlte Wahrheit«*
Das Magazin der *Süddeutschen Zeitung* veröffentlicht regelmäßig Memes, die »Gefühlte Wahrheit« heißen. Dabei werden oft Venn-Diagramme verwendet, um eine humorvolle Analyse von Alltagsfragen zu präsentieren. Schülerinnen und Schüler verstehen das Prinzip schnell und können sich eigene Versionen ausdenken und präsentieren. Bezüge zu vielen Themengebieten, die im Unterricht behandelt werden, bieten sich an.

Gedichte schreiben mit Google und WhatsApp

> Es geht darum, digitales Material herzustellen, zu sammeln, zu bearbeiten und dann über Vernetzung so zu kombinieren (oder kombinieren zu lassen), dass sich daraus etwas überraschend Neues ergibt, mit dem man dann weiterarbeiten kann. (Porombka, 2012, S. 21)

Dieser Verweis auf kombinatorische und zufällige Verfahren bei der Produktion von Texten greift eine ästhetische Tradition auf. Hans Magnus Enzensberger fasst sie wie folgt zusammen:

> Jedenfalls hat die *Ars magna* den Grund gelegt sowohl für die modernen Logik-Kalküle wie auch für die kombinatorische Poetik. Beide Entwicklungen lassen sich fast lückenlos durch die Jahrhunderte verfolgen. Der

mathematische Zweig dieser Überlieferung reicht über Leibniz *(Alphabet der menschlichen Gedanken)*, Boole (Boole'sche Algebra), Babbage (Analysis-Maschine) bis zu Peano, Russell, Turing und von Neumann.
Auf der Seite der ästhetischen Kombinatorik wären vor allem Athanasius Kircher *(Ars magna sciendi sive combinatoria)*, Quirinus Kuhlmann, Novalis (mit den *Fragmenten*) und Mallarmé (mit seinem Projekt des *Livre universel*) zu nennen. (Enzensberger, 1974/2000)

Im Folgenden werden Projekte vorgestellt, mit denen diese Tradition im kreativen Schreibunterricht aufgegriffen werden kann.

Flarf-Lyrik
Christiane Reitz hat Flarf einen Artikel im *FAZ*-Feuilleton gewidmet. Darin heißt es:

Flarf besitzt die Eigenschaft des »Flarfigen«. Im März 2001 richten sich die Flarfisten eine Mailingliste ein und beginnen, Gedichte hin und her zu schicken, die aus Versatzstücken von Google-Suchergebnissen bestehen.
»Ich google zwei disparate Suchbegriffe, beispielsweise ›Latex‹ und ›Michael Jackson‹«, sagt Sharon Mesmer, ebenfalls Flarf-Dichterin, studierte Philologin, Anfang vierzig, die hauptberuflich Kreatives Schreiben an der New School in New York unterrichtet. »Dann kopiere ich einige Textstücke aus der Ergebnisliste von Google in ein Word-Dokument und bearbeite sie, arrangiere um, denke mir Sätze aus. Das fertige Gedicht schicke ich an die Flarf-Mailingliste.« (Reitz, 2010)

Daran schließt eine denkbare Unterrichtsaufgabe an, zu deren Vorbereitung die Lehrerin oder der Lehrer sich von der Klasse drei willkürliche Begriffe vorschlagen lässt, zu denen jeweils eine zufällige Seite aus den Google-Ergebnissen verwendet wird. Die Lernenden erhalten dann folgenden Auftrag:
1. Verfassen Sie ein Gedicht, das sich als SMS oder Tweet versenden lässt, d. h. es darf inkl. Leerzeichen nicht länger als 160 oder 140 Zeichen sein.
    Verwenden Sie nur Wortmaterial, das auf den drei Google-Ergebnisseiten vorhanden ist.
2. Gehen Sie wie folgt vor:
    a) Wählen Sie interessante Wörter oder Sätze aus.

b) Arrangieren Sie sie.
c) Schleifen Sie (Satzzeichen, Einfügen von Partikeln etc.; hier bietet sich eine großzügige Regelung an, damit interessante Gedichte entstehen).
3. (fakultativ)
Publizieren Sie das Gedicht, indem Sie es jemandem schicken oder es auf Facebook oder Twitter veröffentlichen.
4. Starten Sie von vorn: Verwenden Sie eigene Suchbegriffe.

WhatsApp-Gedichte

Analog zur Flarf-Lyrik wird das Wortmaterial aus einer WhatsApp-Gruppe oder einem WhatsApp-Chat gewonnen. Daraus entsteht ein Gedicht – im Idealfall wiederum ein knappes von rund 160 Zeichen. Das Gedicht wird dann in diesem Kanal publiziert; wenn nötig mit einer Erklärung versehen.

Aus dieser Idee kann schnell ein Zyklus entstehen, indem der Prozess beispielsweise jede Woche wiederholt wird. Denkbar ist auch ein Gedichte-Dialog, wenn zwei Chat-Partner sich gegenseitig Gedichte zuschicken.

Google-Poesie

Google Instant heißt der Mechanismus von Google, der Usern Vorschläge macht, wonach sie suchen könnten. Er beeinflusst ihre Suchanfragen und bildet auch Vorurteile ab, wie z. B. die Arbeit von Anna Jobin nachgewiesen hat (2013).

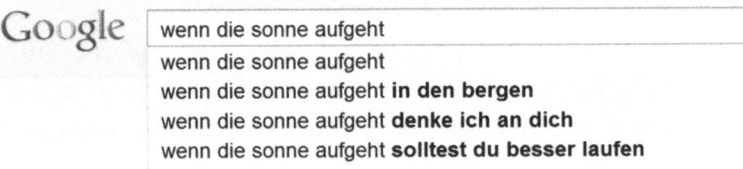

Abb. 24: Google-Gedicht von deutsch.googlepoetics.com

Aus diesen Vorschlägen können Gedichte entstehen – je nach Suchanfrage. Schülerinnen und Schüler lernen einerseits eine Google-Funktion kennen (und hinterfragen), können darüber nachdenken und sich fragen, wie solche Vorschläge zustande kommen, aber gleichzeitig auch auf die Suche nach poetischen »Einfällen« von Google oder seinen Usern gehen. (Die Frage, ob letztlich eine Google-Redaktion oder das Suchverhalten der Benutzerinnen und Benutzer über die Vorschläge entscheidet, ist nicht in jedem Fall klar zu beantworten.)

Automatengedichte

Im Literaturmuseum der Moderne in Marbach befindet sich der »Landsberger Poesieautomat« von Hans Magnus Enzensberger. Besucherinnen und Besucher drücken einen Knopf. Darauf erzeugt der Automat ein Gedicht und zeigt es auf Schalttafeln an. Wird der Knopf wieder gedrückt, erscheint ein neues Gedicht. Enzensberger hat dazu festgehalten:

Während nämlich das Buch ein konservierendes Medium ist, dazu bestimmt, Texte festzuhalten, sie zu akkumulieren und zu überliefern, löscht der Poesie-Automat mit jedem neuen Text, den er anzeigt, dessen Vorgänger aus. Aber nicht nur das: da der Zufallsgenerator, der den Automaten steuert, keine Rekonstruktion früherer Zustände zuläßt, ist der einmal gelöschte Text unwiederbringlich verloren. Er verschwindet in der riesigen Menge der möglichen Texte, aus der er nur durch einen extrem unwahrscheinlichen Zufall wieder hervorgeholt werden könnte. [...]
Auch die Frage nach dem Autor der Gedichte zieht merkwürdige Antworten nach sich. Wer trägt eigentlich die Verantwortung für die Texte, die der Automat erzeugt, wenn weder der Verfasser des Programms noch der Benutzer in der Lage ist, ihren »Inhalt« vorherzusehen? Es liegt nahe, auf eine Redewendung zurückzugreifen, die sich in der deutschen Philosophie lange Zeit großer Beliebtheit erfreut hat: Es sei die Sprache selbst, die (»durch« den Poeten hindurch) dichte. Das ist aber leider keine Erklärung, sondern eine Mystifikation.
Klar ist nur, daß im genetischen Sinn der Verfasser des Programms als Urheber gelten muß, da ohne seine Arbeit keiner der fraglichen Texte zustande käme. Er ist es auch, der über das Lexikon des Automaten, sein kombinatorisches Gerüst usw. entscheidet. Doch bleiben diese Vorentscheidungen abstrakt; sie konkretisieren sich jeweils nur im einzelnen manifesten Text. Dann ist es aber zu spät. Der Verfasser des Programms kann das Resul-

tat nicht kontrollieren; er weiß nicht, was bei seinem Spiel herauskommt. Andererseits könnte man behaupten, es sei der Benutzer, der hier »dichte«; denn erst durch seine Intervention treten die jeweiligen Texte hervor. Seine Mitwirkung ist punktuell und minimal, aber notwendig, wie die des Spielers beim Würfelwurf. (Enzensberger, 1974/2000)

Ist die Reise nach Marbach für die meisten Deutschklassen zu weit (obwohl sie sich immer lohnt, Kafkas *Process*-Manuskript ist äußerst beeindruckend und die temporären Ausstellungen sind hervorragend aufbereitet), so kann ein Poesieautomat auch direkt im Netz verwendet werden: hannesbajohr.de/automatengedichtautomat

Die daraus entstehenden Produkte laden – auch im Vergleich mit bewusst gestalteter, menschlicher Dichtung – zu einer Reflexion über Zufall, Sprachproduktion, Kombination und das Wesen von Kombination ein. Das Phänomen der Bots, die im Internet einen immer größeren Anteil an der Textproduktion haben und auch schon maßgebliche Beiträge zum Journalismus leisten, lassen Automatentexte zu einem bedeutenden Phänomen werden, dem sich der Deutschunterricht nähern sollte (vgl. Abschnitt zum Turing-Test, S. 121 ff.).

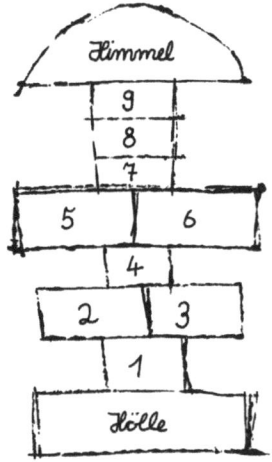

WEGWEISER

Auf seine Weise ist dieses Buch viele Bücher, aber es ist vor allem zwei Bücher. Der Leser ist eingeladen, eine der beiden Möglichkeiten wie folgt für sich *auszuwählen*:
Das erste Buch läßt sich in der üblichen Weise lesen. Es endet mit dem Kapitel 56, unter dem sich drei auffällige Sternchen befinden, die gleichbedeutend sind mit dem Wort *Ende*. Folglich kann der Leser ohne Gewissensbisse auf das verzichten, was folgt. Das zweite Buch läßt sich so lesen, daß man mit dem Kapitel 73 anfängt und dann in der Reihenfolge weitermacht, die am Fuß eines jeden Kapitels angegeben wird. Falls man dabei durcheinanderkommt und etwas vergißt, genügt es, das folgende Verzeichnis zu befragen:
73-1-2-116-3-84-4-71-5-81-74-6-7-8-93-68-9-104-10-65
11-136-12-106-13-115-14-114-117-15-120-16-137-17-97
18-153-19-90-20-126-21-79-22-62-23-124-128-24-134-25
141-60-26-109-27-28-130-151-152-143-100-76-101-144
92-103-108-64-155-123-145-122-112-154-85-150-95-146
29-107-113-30-57-70-147-31-32-132-61-33-67-83-142-34
87-105-96-94-91-82-99-35-121-36-37-98-38-39-86-78-40
59-41-148-42-75-43-125-44-102-45-80-46-47-110-48-111
49-118-50-119-51-69-52-89-53-66-149-54-129-139-133
140-138-127-56-135-63-88-72-77-131-58-131
Um das rasche Auffinden der Kapitel zu erleichtern, wird die Nummer jedes Kapitels am oberen Rand jeder Seite wiederholt.

Abb. 25: Cortazar: Rayuela. Himmel und Hölle. Suhrkamp

Interaktive Erzählungen lesen, konzipieren und digital umsetzen

Der Hypertext sollte die »Leser ermächtigen, selbst Autor zu sein. Sie sollten fortan den eigenen Weg durch die Geschichte wählen« (Porombka, 2012, S. 29). Während im Netz alle auf diese Weise lesen, sind traditionelle literarische Texte, welche die Hypertextmöglichkeit nutzen, exotische Ausnahmen. Eine davon ist Julia Cortazars *Rayulea* (deutsch *Himmel und Hölle*, 1963/2010):

Dabei erfreut sich diese Erzählweise bei narrativen Computerspielen großer Beliebtheit: *Reigns* setzt das *Tinder*-Prinzip mit dem Wischen nach links und rechts mit Karten um, welche die Geschichte eines Königs erzählen, in dessen Rolle die Spielerin oder der Spieler schlüpft. Während die Gunst der Kirche, die Stärke des Militärs, die Zufriedenheit des Landes und der Kassenstand balanciert werden müssen, werden während der Erzählungen Beziehungen geknüpft und Geheimnisse entdeckt, welche ein Happy End erlauben. Auch die verschiedenen Erzählspiele von *Inklestudios* (*Sorcery!*, *80 Days*, *Frankenstein*) verfahren ähnlich, indem Ressourcenmanagement für den Verlauf einer interaktiven Erzählung ausschlaggebend ist. *80 Days* wie auch *Frankenstein* setzen literarische Vorlagen von Jules Verne und Mary Shelley um. Diese Umsetzungen übernimmt *TellTale* mit Storytelling-Apps für bekannte Serien (*Game of Thrones*, *Batman*, *The Walking Dead*). Dabei rücken die Entscheidungen der Spielerinnen und Spieler in den Mittelpunkt, die jeweils Erzählstränge erleben, welche in den Serien nicht verfolgt werden.

Diese ausgesuchten Beispiele zeigen, dass hier ein Erzählverfahren vorliegt, das den digitalen Lektüregewohnheiten entgegenzukommen scheint. Die Rezipierenden konstruieren die Geschichte während des Spielens, es ist sie für kaum zu unterscheiden, ob sie einen Text lesen oder in ein Spiel verwickelt sind. Die Lektüre solcher Texte im Deutschunterricht eröffnet Einblicke in diese mediale Entwicklung und ermöglicht einen Kompetenzerwerb hinsichtlich der Struktur von Erzählungen. Dabei ist es hilfreich, eine Art Kriterienkatalog für den Vergleich von Hypertexten aufzustellen. Dieser wird dann von Gruppen auf verschiedene Beispiele angewandt und dabei überprüft.

Der Katalog kann vertieft werden, wenn Lernende selbst interaktive Erzählungen gestalten. Die dazu vorgeschlagene Einheit erfordert unter Umständen Programmier-Fähigkeiten. Einige Schülerinnen und Schüler bringen diese mit, bei anderen wäre ein interdisziplinäres Projekt mit Informatik-Lehrkräften denkbar. Diese Bemerkung zeigt, dass Textproduktion und Programmierkompetenzen in einem digitalen Umfeld in direkte Berührung geraten sind (was etwa in der aktuellen journalistischen Praxis zu beobachten ist). Folgende Werkzeuge sind für dieses Projekt zu empfehlen:

1. *InkleWriter*
   Inklestudios ist eines der bekanntesten Studios für Interactive Fiction (einige Beispiele sind oben erwähnt). Das Tool, um solche Erzählungen zu verfassen, ist kostenlos, aber momentan nur in einer englischen Version verfügbar. Diese ist aber sehr gut handhabbar und mit vielen Erklärungen versehen: writer.inklestudios.com

2. *Undum*
   Sehr leistungsfähige und attraktive Umgebung. Ein Tutorium, das gleichzeitig ein interaktives Beispiel ist, zeigt, wie Undum funktioniert: dl.dropboxusercontent.com/u/20660186/undum/games/tutorial.de.html

3. *Textadventures*
   Leicht zu bedienen, aber mit englischsprachiger Oberfläche. Gute Videoeinführung. Lässt sich direkt mit dem Chrome-Browser verbinden: text-adventures.co.uk/quest

4. *Javascript programmieren*
   Hier werden keine Abkürzungen genommen – das Textadventure wird voll programmiert. Dafür gibt es eine Schritt-für-Schritt-Anleitung, die auch als Einführung in Java Script fungiert: *codecademy.com/courses/javascript-beginner-en-x9DnD*

Die folgenden beiden Zugänge sind entweder aufeinander aufbauend oder für sich allein im Deutschunterricht umsetzbar:

Karten-Hypertext

Bevor programmiert wird, bauen Schülerinnen und Schüler einen analogen Hypertext. Er besteht aus 30 Karten, die auf beliebige Weise miteinander vernetzt werden können.

Möglicher Einstieg für eine Erzählung: Eine Person beobachtet, wie zwei andere Personen sich näherkommen (sich küssen, sich streiten etc.). Der Hyper-Text kreist um die drei Perspektiven der Beteiligten während der Interaktion, die zwei bis fünf Minuten dauert.

Auf den Kärtchen wird notiert, was die Personen sagen, sehen, denken, fühlen oder tun. Sie werden so arrangiert, dass der Sprung von Kärtchen zu Kärtchen denkbar und möglich ist – im Idealfall auf unterschiedliche Art und Weise. Links und Texte müssen dabei konstant aufeinander abgestimmt werden. Eine etwas ausführlichere Konzeption findet sich bei Porombka (2012, S. 37 f.).

Wichtig ist hier auch, dass die Autorinnen und Autoren beobachten, wie andere diese Texte lesen (also auf welchen Wegen sie von Karte zu Karte kommen und welche Effekte dabei entstehen). So ist eine Anpassung oder Erweiterung der Erzählung möglich.

Projektarbeit: Eigenes Textadventure programmieren

Diese Idee erfordert viel Zeit und intensive Begleitung – sowohl auf der technischen Ebene der Programmierung wie auch auf der kreativ-erzähltheoretischen in Bezug auf die Frage, wie eine längere Erzählung entwickelt werden kann, wie Spannung entsteht, welche Übergänge zwischen Szenen denkbar sind. Es hilft, wenn bereits eine Analyse einer interaktiven Erzählung vorgenommen wurde.

In einem ersten Schritt muss ein Drehbuch für eine Erzählung geschrieben werden, das unterschiedliche Stränge beinhaltet. Es ist zu empfehlen, in einem ersten Schritt auf die Programmierung von komplexeren Verfahren wie Ressourcenmanagement zu verzichten, sondern lediglich verschiedene Erzählstränge zu kombinieren.

In der zweiten Phase braucht es für die Erzählung selbst einen Test mit Feedback. Die Karten-Methode oben auf dieser Seite bietet sich dafür an. Änderungen am in einer dritten Phase geschriebenen Programm können aber auch bei abschließenden Tests noch vorgenommen werden, wenn die Textadventures anderen zugänglich gemacht werden, indem sie etwa im Netz publiziert werden.

Statistische Verfahren im Umgang mit Texten

Im Gegensatz zu der an Schulen verbreiteten Methode des »close reading« (vgl. Marci-Boehncke, 2014), hat der Trend zum »distant reading« noch kaum Fuß fassen können. Der in den USA lehrende Romanist Franco Moretti untersucht damit »wiederholbare semantische, grammatikalische Muster in einer großen Textmasse« (Moretti, 2016). Dazu verwendet er Methoden der Datenanalyse, um etwa 15.000 Romane zwischen 1700 und 1900 daraufhin zu untersuchen, welche Gefühle mit welchen Stadtteilen Londons verbunden sind. Moretti hat auch schon mit einer Netzwerkanalyse gearbeitet, bei der Gespräche in einem Drama ein Netzwerk zwischen Protagonistinnen und Protagonisten bilden. So konnte er mit einer Datenanalyse die Wichtigkeit der Figuren bei *Hamlet* errechnen – dass Hamlet und Horatio die ersten beiden Plätze einnehmen, ist für aufmerksame Leserinnen und Leser nicht besonders erstaunlich.

Moretti geht es aber darum, eine Brücke zu schlagen: Zwischen »dem Neuen und dem Alten« (Moretti, 2016), zwischen Interpretation und *Big-Data*-Verfahren, zwischen der Silicon-Valley-Kultur und der wissenschaftlichen. Er arbeitet auch bei der Datenerfassung oder -visualisierung oft mit händischen Methoden, bildet Hypothesen, die er mit technischen Verfahren überprüft und beschäftigt sich mit methodischen Fragen.

Solche Zugänge sind in den letzten Jahren für die Geisteswissenschaften bedeutsam geworden: Die *Digital Humanities* haben das Interesse vieler Forscherinnen und Forscher auf sich gezogen. Da ihre Verfahren sowohl an die Programm- wie an die Deutungsseite hohe Anforderungen stellen, ist nicht auf Anhieb klar, wie diese Ansätze für die Schule fruchtbar gemacht werden können.

Martin Leubner hat gezeigt, wie digitale Literatur im Deutschunterricht zum Aufbau von Kompetenzen genutzt werden kann, wenn etwa erzähltheoretische Probleme in der Untersuchung von Kleists *Marquise von O.* mithilfe von Suchfunktionen und Tag-Clouds, also Darstellungen der häufig verwendeten Wörter, untersucht werden. Schülerinnen und Schüler werden digital unterstützt, bei der Lektüre eigene literaturwissenschaftliche Hypothesen zu bilden und sie mit entsprechenden Methoden zu überprüfen (Leubner, 2014).

Abb. 26: Die Tag-Cloud dieses Buches, erstellt mit wortwolken.com

Neben den quantifizierenden Verfahren von Suchanfragen (wie oft wird ein Begriff in einem Text verwendet?) und der Visualisierung von Worthäufigkeiten mit Tag-Clouds (wortwolken.com) bietet sich das *Ngram-Tool* von Google für die Durchsuchung von ganzen Korpora an (vgl. für eine Einführung Herrmann, 2012). Veränderungen in der Begrifflichkeit aufgrund literarhistorischer Verschiebungen können so augenfällig werden. Der *Ngram-Viewer* kann ähnlich wie die beiden anderen Verfahren immer wieder eingesetzt werden, um Hypothesen zu entwickeln oder zu überprüfen. Bei der Arbeit mit literarischen Texten oder Sachtexten sollte der Bezug auf quantitative Argumente immer wieder geübt werden. Ein sinnvolles Beispiel wäre der Umgang mit Begriffen, die im Kontext der Flüchtlingsdebatte verwendet werden. Welche Wörter verwenden etwa Zeitungen, um flüchtende Menschen zu benennen? Welche Aussagen gibt es von Fachleuten dazu? (Im Hintergrund bietet sich eine Diskussion von Brechts Gedicht *Über die Bezeichnung Emigranten* von 1937 an.)

Lernende werden durch die Verwendung solcher Tools ermuntert, einerseits kreative Fragen an literarische Texte zu stellen, andererseits einen Einblick in Grundprinzipien der quantitativen Literaturanalyse und eines »distant reading« zu erhalten. Fragen wie die Zusammensetzung der Korpora, der Umgang mit der deutschen Morphologie bei der statistischen Erfassung oder der digitalen Aufbereitung von Texten erhalten beim eigenen Experimentieren mit Suchschnittstellen plötzlich eine größere Relevanz.

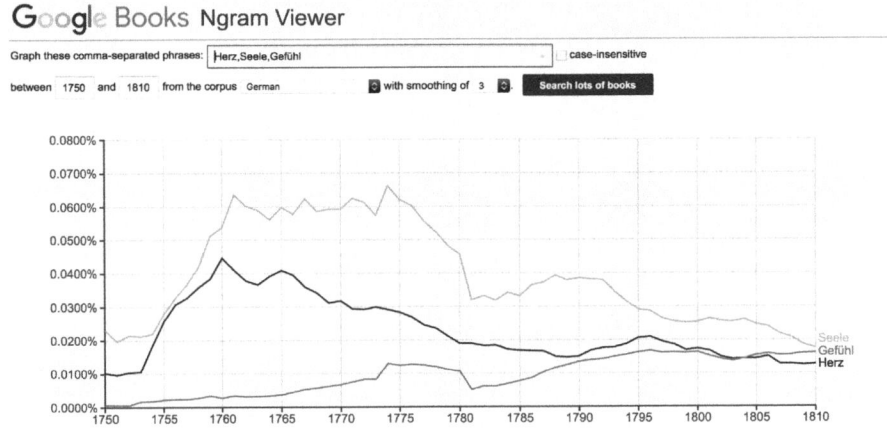

Abb. 27: Ngram-Beispiel zu Herz, Gefühl und Seele

Abschließend sei aber noch einmal Moretti zitiert, der darauf hinweist, wie sich qualitative und quantitative Methoden ergänzen:

Denn Quantität und Qualität sind nun einmal unterschiedliche Kategorien. Aber natürlich sollte eine quantitative Analyse auch qualitative Aspekte adressieren und sichtbar machen. (Moretti, 2016)

Materialien

Die folgenden Materialien lassen sich auf der Webseite zum Buch auch digital abrufen und weiterverarbeiten: www.v-r.de/wampfler_Digitaler_Deutschunterricht.

Wie Deutschlehrkräfte digital fit werden

Die Angst, die Schülerinnen und Schüler würden Schwächen im Umgang mit digitalen Hilfsmittel sofort erkennen und man verliere so als Lehrerin oder Lehrer ihren Respekt, ist so verbreitet wie unbegründet: Wenn Klassen erkennen, dass sie von neugierigen Lehrenden unterrichtet werden, verzeihen sie vieles. Gleichwohl ist das Bedürfnis nach Rezepten, wie denn die digitale Kompetenz von Lehrkräften ausgebildet werden kann, verbreitet. Medienkompetenz entsteht nicht aus dem Abschreiten von Anweisungen, sondern aus dem aktiven Medienhandeln, seiner Reflexion und dem Erwerb von Wissen dazu. Wer dazu bereit ist, findet in der hier Anregungen, wie neue Erfahrungen im digitalen Kontext möglich werden.

1. *Lurken*
   Die Aufforderung »lurk moar« bedeutet in bestimmten Netzszenen der 2000er-Jahre, anderen zuzuschauen, um zu verstehen, wie Medienhandlungen funktionieren. Insbesondere in Bezug auf *Memes* ist das unerlässlich: Ihre Regeln erschließen sich erst, wenn man sie im Kontext ihrer Verwendung miterlebt hat. Als Hillary Clinton auf Twitter Donald Trump auffor-

derte, sein Profil zu löschen, war für viele Erwachsene nicht klar, dass sie ein etabliertes Meme einsetzte, das eine stark humoristische Konnotation und eine Geschichte hatte. Wer hier gelurkt, also die Wendung auf Google gesucht hätte, wüsste, wie sie zu verstehen ist.

2. *Den Hype mitgehen*
Die radikalere Version von *lurken*: Wenn das nächste *Pokémon GO!* oder *Snapchat* auftaucht, also eine mediale Praxis, die viele Jugendliche fasziniert, während Erwachsene nicht verstehen, was das soll – einfach mitmachen und ausprobieren! Selbstverständlich sind Urteile erlaubt: Aber sie wirken glaubwürdiger, wenn sie von jemandem kommen, die oder der zumindest versucht hat, die Perspektive Jugendlicher einzunehmen.

3. *Wissens- und Zusammenarbeit digitalisieren*
Lehrkräfte betreiben viel Wissensarbeit: Sie nehmen neue Informationen auf, speichern, verarbeiten und reduzieren sie – oft in Zusammenarbeit mit Kolleginnen, Kollegen oder Lernenden. Diese Arbeitsschritte können konsequent digitalisiert werden, etwa mit Tools wie *Evernote* oder *OneNote*. Wer sich angewöhnt, das in einem professionellen Kontext ständig zu machen, arbeitet effizient und kann neue Entwicklungen einfacher nachvollziehen. Für Deutschlehrkräfte betrifft das besonders auch die Arbeit mit der Sprache: Es muss zum beruflichen Selbstverständnis gehören, sich etwa mit Podcasts und Textverarbeitung auszukennen.

4. *Digitale Kultur wahrnehmen*
Die Blog- und Kommentarkultur, Memes, Computerspiele und anderen digitale Formen des kulturellen Ausdrucks sind innovativ und für Jugendliche wie Erwachsene bedeutsam. Sie müssen in den Lektüregewohnheiten von Deutschlehrkräften einen festen Platz einnehmen.

5. *Berufliche Erfolge und Probleme im Netz dokumentieren*
Lehrerblogs sind ein hervorragender Weg, um sich mit anderen Fachkräften auszutauschen. Wer bloggt, denkt öffentlich und lässt sich auf ein Gespräch ein. Oft tauchen Lösungen für Probleme auf, andere nehmen Anteil am eigenen Erfolg, Eltern und Lernende bekommen mit, wie sich eine Lehrkraft fühlt. Blogs sind keine unstatthafte Entblößung, sondern

ein professionelles Kommunikationsmittel, das an die eigenen Bedürfnisse angepasst werden kann.

6. *Sich in der Lehrercommunity vernetzen*
Was bei 4. meist automatisch passiert, lässt sich auch mit Twitterprofilen oder Facebook-Gruppen herstellen: Der Austausch mit anderen Lehrkräften, die ähnliche Fragestellungen bearbeiten. Ein guter Einstieg ist der *#edchatde*: Ein Austausch über Bildungsthemen unter Deutsch sprechenden Fachpersonen. Er findet immer am Dienstagabend um 20 Uhr auf Twitter statt, alle Interessierten können unter dem Hashtag daran teilnehmen oder einfach nur mitlesen.

7. *Sich mit Lernenden vernetzen*
Chat-Gruppen oder andere Foren erleichtern die Absprache mit Schülerinnen und Schülern und machen deutlich, dass sich Lehrkräfte für ihre Anliegen interessieren und einsetzen. Starten kann man ohne Regeln: Verstoßen Kinder oder Jugendliche gegen eigene Vorstellungen, ist das ein guter Ausgangspunkt, um Regeln gemeinsam zu entwickeln. Das schafft Vertrauen und damit eine lernförderliche Kommunikationskultur.

8. *Mit Lernenden Neue Medien gestalten*
Die Durchführung von Medienprojekten im Unterricht ist enorm lehrreich, weil sie Perspektiven der Jugendlichen erkennbar macht. Kleine Projekte wie ein Youtube-Film oder ein unterrichtsbegleitender Blog (vgl. für weitere Ideen Wampfler, 2013, sowie schulesocialmedia.com) machen Mut für größere – weil erkennbar wird, wie selbstständig, verantwortungsvoll und lustvoll die meisten Lernenden mit diesen Möglichkeiten umgehen.

9. *Lernen durch Lehren: Die Weiterbildung der Zukunft*
Wer als Lehrkraft Erfahrungen mit Neuen Medien hat, soll anderen davon erzählen. Die wirksamste Weiterbildung findet im Kollegium statt, weil die Fachpersonen auch bei der Umsetzung präsent sind. Wer andere anleitet, versteht eigene Praktiken besser, reflektiert sie und sieht neue Möglichkeiten.

Merkblatt: Social Media-Guidelines für Lehrpersonen

Dieses Merkblatt ist ein Beispiel, wie eine Social Media-Guideline für Lehrpersonen aussehen könnte. Es ist zu empfehlen, solche Merkblätter in Zusammenarbeit mit anderen Lehrpersonen zu entwickeln, insbesondere mit denen, die soziale Netzwerke (im Unterricht) nutzen.

Der erste Punkt reicht der englischen BBC als Guideline. Er enthält eigentlich alle weiteren Überlegungen.

1. Tun Sie nichts Unüberlegtes!

2. Lehrpersonen sind im Internet nie nur Privatpersonen, sondern werden auch als Vertreterinnen und Vertreter der Schule wahrgenommen.

3. Achten Sie auf Ihren Ruf und auf den Ihrer Schule.

4. Tun Sie nichts, was Zweifel an Ihrer Qualifikation für den Lehrberuf und an Ihrer Fairness gegenüber den Schülerinnen und Schüler auslösen könnte.

5. Zeigen Sie Fingerspitzengefühl bei politischen, religiösen und anderen heiklen Themen.

6. Schreiben Sie nichts, von dem Sie nicht wollen, dass es auch morgen oder in einigen Jahren noch im Netz zu finden sein wird.

7. Soziale Netzwerke sind Werkzeuge, keine Spielzeuge.

8. Interagieren Sie mit Schülerinnen, Schülern und anderen Lehrpersonen.

9. Bleiben Sie höflich.

10. Kümmern Sie sich um Ihre Privatsphäreneinstellungen.

11. Halten Sie sich auch im Netz an soziale Gepflogenheiten und Gesetze; insbesondere auch ans Urheberrecht.

Merkblatt: Social Media im Unterricht

Dieses Merkblatt sollte vor einer intensiven Nutzung von Social Media im Unterricht an die Schülerinnen und Schüler ausgegeben werden (vgl. Wampfler, 2013, S. 158 f.). Es ersetzt nicht den Dialog in Bezug auf ihre Erlebnisse und ihr Verhalten im Internet.

Soziale Netzwerke wie Instagram, WhatsApp, Snapchat, Facebook, Twitter, Foren, Chats und Blogs werden heute für die Kommunikation mit Freunden und Familie auf verschiedene Arten genutzt. Wie im direkten Kontakt mit anderen Menschen repräsentieren Sie auf sozialen Netzwerken sich selbst, Ihre Familie und Ihre Schule. Verhalten Sie sich deshalb anständig und seien Sie ehrlich. Dabei helfen Ihnen die folgenden Hinweise.

Wenn Sie im Unterricht Aufgaben erhalten, die sich mit Social Media erledigen lassen, dürfen und sollen Sie das auch tun. Es stehen Ihnen aber immer auch alternative Arbeitsmethoden zur Verfügung, niemand wird zur Benutzung von sozialen Netzwerken gezwungen.

1. Überlegen Sie sich immer zweimal, ob Sie etwas auf sozialen Netzwerken posten wollen oder nicht.

2. Seien Sie auch online respektvoll und positiv.

3. Denken Sie daran, dass viele andere Menschen mit einem anderen Hintergrund lesen und sehen, was Sie hinterlassen: Kinder, Menschen aus anderen Kulturen, Ihre Familie, zukünftige Arbeitgeber usw.

4. Wenn Sie in Bezug auf eigene oder fremde Handlungen auf sozialen Netzwerken unsicher sind, fragen Sie bei erfahrenen Erwachsenen nach. Verzichten Sie im Zweifelfall auf die Handlung, bis Sie sich sicher sind.

5. Gehen Sie davon aus, dass alle Texte, Bilder und Videos in sozialen Netzwerken für andere zugänglich gemacht werden können, auch wenn Sie sie schützen.

6. Denken Sie daran, dass alles, was Sie online tun, gespeichert wird und von Ihnen nicht mehr gelöscht werden kann.

7. Verwenden Sie pseudonyme Profile, wenn Sie schulische Arbeiten erledigen.

8. Hinterlassen Sie keine persönlichen Daten wie Adressen, Telefonnummern, Geburtsdaten, Stundenpläne oder ähnliche Daten auf sozialen Netzwerken. Sie gefährden dadurch möglicherweise sich selbst und/oder andere.

9. Verhalten Sie sich professionell und verzichten Sie auf die Darstellung von Gewalt, von Straftaten oder sexuellen Handlungen auf sozialen Netzwerken. Auch missverständliche humoristische Aussagen können diesbezüglich zu Problemen führen.

10. Vermeiden Sie auch Fotos, Videos oder Texte, die Sie oder andere so erscheinen lassen, dass Sie sich dafür schämen könnten.

11. Sie sind nicht nur für eigene Inhalte verantwortlich, sondern auch für Inhalte, die andere auf Ihren Seiten hinterlassen.

Literatur

Abraham, U. (2014): Digitale Schreib-, Präsentations- und Publikationsmedien. In: Frederking, V., Krommer, A., Möbius, T. (2014): Digitale Medien im Deutschunterricht. Hohengehren, S. 269–289

Aciman, A./Rensin E. (2011): Twitteratur. Übers. von Anne Emmert. München

Adam, K. (2008): Podcasts produzieren im Unterricht. Zugriff am 1.6.2016 unter: https://www.lehrer-online.de/unterricht/grundschule/sachunterricht/computer-internet-co/unterrichtseinheit/ue/podcasts-produzieren-im-unterricht/

Adler, J. (2015): Working Out Loud. Zugriff am 11.8.2016 unter https://medium.com/arbeit-heute-besser-machen/working-out-loud-43254d94d863#.xm0wr4rc9

AfH, Arbeitsstelle für Hochschuldidaktik (2006): Lern-Portfolio. Universität Zürich. Zugriff am 14.3.2016 unter: http://www.hochschuldidaktik.uzh.ch/dam/jcr:00000000-1937-95a7-0000-0000058e6a2d/du_lernportfolio-1.pdf

Albrecht, C. (2001): Werteerziehung und Werturteilsstreit. Die Aktualität einer alten Debatte. In: Zeitschrift für Pädagogik 47 (2001) 6, S. 879–892

Alves, R.A./Castro, S.L./de Sousa, L. (2007): Influence of typing skill on pause-execution cycles in written composition. In: Torrance, M./van Waes L./Galbraith, D. (Hg.): Writing and Cognition: Research and Applications (= Studies in Writing, Vol. 20). Amsterdam, S. 55–65

Arn, C. (2016): Agile Hochschuldidaktik. Weinheim/Basel

Baron, D. (2001): From Pencils to Pixels: The Stages of Literacy Technology. Zugriff am 1.4.2016 unter: http://www.english.illinois.edu/-people-/faculty/debaron/essays/pencils.htm

Barthes, R. (1968/2000): Der Tod des Autors. In: Jannidis, F. et al. (Hg.): Texte zur Theorie der Autorschaft. Übers. von Matias Martinez. Stuttgart, S. 185–193

Bauer, D. (2012): Der zoombare Artikel. Zugriff am 1.7.2016 unter: http://www.tageswoche.ch/de/blogs/pageimpression/471613/

Baumgartner, P./Herber, E. (2013): Höhere Lernqualität durch interaktive Medien? – Eine kritische Reflexion. Erziehung & Unterricht, Nr. 3–4. Rahmenbedingungen für einen qualitätsvollen Unterricht: S. 327–335

Boelmann, Jan M. (2011): Narrative Computerspiele im Literaturunterricht. In: Jost, R./Krommer, A. (Hg.): Comics und Computerspiele im Deutschunterricht. Baltmannsweiler, S. 120–137

– (2012): Literarische Kompetenz und narrative Computerspiele. Empirische Ergebnisse. In: Boelmann, Jan M./Seidler, Andreas (Hg.): Computerspiele als Gegenstand des Deutschunterrichts. Frankfurt/M., S. 85–102

Boie, J. (2016): Wie Facebook Menschen zum Schweigen bringt. In: Süddeutsche Zeitung, 22. August 2016. Zugriff am 22.8.2016 unter: http://www.sueddeutsche.de/digital/zensur-in-sozialen-medien-wie-facebook-menschen-zum-schweigen-bringt-1.3130204

Borrmann, A. (2011): »Arbeiten mit Computer und Internet«. In: Gisela Beste (Hg.): Deutsch. Methodik. Handbuch für die Sekundarstufe I und II. 4. Auflage. Berlin, S. 191–209
Brodnig, I. (2016): Das Internet ist kein egalitärer Raum. Zugriff am 16.8.2016 unter: https://netzpolitik.org/2016/das-internet-ist-kein-egalitaerer-raum-ingrid-brodnig-ueber-hate-speech-und-wut-im-internet/
Bülow, C. von (2013): »Mem«. In: Mittelstraß, J. (Hg.): Enzyklopädie Philosophie und Wissenschaftstheorie. 2. Auflage, Stuttgart/Weimar, S. 318–324
Capurro, R. (2015): Schwimmen im digitalen Chaos. Interview mit Fridtjof Küchemann, Frankfurter Allgemeine Zeitung, 28.3.2015, Zugriff am 25.6.2015 unter http://www.faz.net/aktuell/feuilleton/familie/gespraech-mit-dem-info-ethiker-rafael-capurro-13509739.html
Chen, A./Christensen, C. (2004): Relationship between orthographic-motor integration and computer use for the production of creative and well-structured written text. In: British Journal of Educational Psychology, 74, S. 551–564
Dagi Bee (2015): Fast in die Hose gepinkelt & erste große Liebe. Zugriff am 18.11.2015 unter: youtube.com/watch?v=F_egdhUZqk4
Degler, F. (2005): »Erspielte Geschichten – Labyrinthisches Erzählen im Computerspiel.« In: Neitze, B./Nohr, R./Bopp, M. (Hg.): ›See? I'm real‹. Multidisziplinäre Zugänge zum Computerspiel am Beispiel von ›Silent Hill‹. Münster, S. 58–73
Dimopoulos, K. (2015): A Tale of Tales on the politics and interior design of Sunset. 2015. Zugriff am 12.3.2016 unter http://www.gamasutra.com/view/news/241407/A_Tale_of_Tales_on_the_politics_and_interior_design_of_Sunset.php
Dobschat, C. (2016): Es gibt keine schleichende Einschränkung der Meinungsfreiheit, sondern eine reale! Zugriff am 16.8.2016 unter: https://www.mobilegeeks.de/artikel/es-gibt-keine-schleichende-einschraenkung-der-meinungsfreiheit-sondern-eine-reale/
Döbeli Honegger, B. (2016): Mehr als 0 und 1. Schule in einer digitalisierten Welt. Bern
Dorok, S. J. (2006): Podcasting im Unterricht. Zugriff am 5.2.2016 unter: http://imedias.fhnw.educanet2.ch/podcast/anleitungen/podcasting_im_unterricht.pdf
Dueck, G. (2016): Cargo-Culte. Zugriff am 1.7.2016 unter: https://re-publica.de/16/session/cargo-kulte
Dürscheid, Christa (2003): Medienkommunikation im Kontinuum von Mündlichkeit und Schriftlichkeit. Theoretische und empirische Probleme. In: Zeitschrift für angewandte Linguistik 38, S. 37–56.
– (2011): Parlando, Mündlichkeit und Neue Medien. Anmerkungen aus linguistischer Sicht. In: Revue suisse des sciences de l'éducation, 33 (2) 2011, S. 175–190
Einecke, G. (o. J.): Podcasts im Deutschunterricht. Zugriff am 1.3.2016 unter: http://www.fachdidaktik-einecke.de/6_Mediendidaktik/podcasts_im_deutschunterricht.htm
Enzensberger, H.M. (1974/2000): Einladung zu einem Poesieautomaten. Frankfurt/M. Auch online verfügbar, Zugriff am 13.4.2016 unter: jacketmagazine.com/17/enz-robot.html
Erpenbeck, J.(2004): Wörterbuch. Frankfurt/M.
Floridi, L. (2015): »Digitale Unternehmen haben ontologische Macht«. In: Philosophie Magazin Oktober/November 2015, S. 68–73
Frankfurt, Harry G. (2006): Bullshit. Aus dem Englischen von Michael Bischoff. Frankfurt/M.
Frederking, V. (2014): »Symmedialität und Synästhetik«. In: Ders.; Krommer, A. und Möbius, T. (Hg.): Digitale Medien im Deutschunterricht. Baltmannsweiler, S. 3–49
–/Krommer, A./Möbius, T. (Hg./2014): Digitale Medien im Deutschunterricht. Hohengehren
Goethe, J. W. (1774): Die Leiden des jungen Werthers. Hamburger Ausgabe, Band 6. München.
Gora, S. (1998): Rhetorik – Hilfswissenschaft oder Konvergenzpunkt im fächerverbindenden Unterricht? In: Jahrbuch Rhetorik 17, S. 72–88

Haas, G./Menzel, W./Spinner, K. H. (1994): Handlungs- und produktionsorientierter Literaturunterricht. In: Praxis Deutsch, 1994, H. 123: S. 17–25

Helfrich, S./Kuhlen, R./Sachs, W./Siefkes, C. (o. J.): Gemeingüter – Wohlstand durch Teilen. Heinrich-Böll-Stiftung, Berlin

Henning, U. (2013): Peer-Feedbacks im Deutschunterricht. Zugriff am 13.4.2016 unter: http://web2-unterricht.blogspot.ch/2013/05/peer-feedbacks-im-deutschunterricht.html

Herrmann, B. (2012): Google Ngram Viewer. Zugriff am 1.5.2016 unter: http://litre.uni-goettingen.de/index.php/Google_Ngram_Viewer

Hochstadt, C./Krafft, A./Olsen, R. (2013): Deutschdidaktik. Konzeptionen für die Praxis. Tübingen, S. 171–183

Hofer, R. (2012): Lesen, Schreiben, Rechnen und Googlen. Wissen und Bildung unter dem Einfluss des Internes. In: Pädagogische Rundschau 5/2012, S. 553–564

Hofer-Krucker Valderrama, S./Bauer, R.: Computerspiele im Deutschunterricht. In: Frederking, V./Krommer, A./Möbius, T. (2014): Digitale Medien im Deutschunterricht. Hohengehren, S. 401–457

– (2015): »DiscriminationPong im Literaturunterricht – Wie ein Computerspiel das poetische Verstehen und die Auseinandersetzung mit Diskriminierung entscheidend befördern kann«. In: Mireya Schlegel/Andreas Schöffmann, (Hg): Computerspiele und Werteerziehung. Paidia-Sonderausgabe 2015. Zugriff am 22.4.2016 unter: http://www.paidia.de/?p=6639

Horstmann, S. (2007/1997): »Text«. In: Georg von Braungart u. a. (Hg.): Reallexikon der deutschen Literaturwissenschaft. Band 3. Berlin/New York 2007/1997, S. 594–597

Jobin, A. (2013): Google's autocompletion: algorithms, stereotypes and accountability. Zugriff am 15.8.2016 unter http://sociostrategy.com/2013/googles-autocompletion-algorithms-stereotypes-accountability/

Jochum, P (2016): Faust – gesnappt: Visuelle Literaturinterpretation mit Snapchat. Zugriff am 26.4.2016 unter: https://peterjochum.wordpress.com/2016/04/15/faust-gesnappt-visuelle-literaturinterpretation-mit-snapchat/

Kennedy, K. (2016): Send this bot an emoji, and it sends back a related image from the New York Public Library archives. Zugriff am 23.8.2016 unter: http://qz.com/760395/send-this-bot-an-emoji-and-it-sends-back-a-related-image-from-the-new-york-public-library-archives/

Kepser, M. (2012): Computerspielbildung. Auf dem Weg zu einer kompetenzorientierten Didaktik des Computerspiels. In: Boelmann, J. M./Seidler, A. (Hg.): Computerspiele als Gegenstand des Deutschunterrichts. Frankfurt/M, S. 13–48

Klimpel, P. (2012): Freies Wissen dank Creative-Commons-Lizenzen. Folgen, Risiken und Nebenwirkungen der Bedingung »nicht-kommerziell – NC«. Zugriff am 3. 1. 2013 unter http://wikimedia.de/images/a/a2/IRights_CC-NC_Leitfaden_web.pdf

Knaus, B. (2013): Wiki macht Schule. Der Einsatz von Wikis im gymnasialen Deutschunterricht. In: Notari, M./Döbeli Honegger, B. (2013): Der Wiki-Way der Lernens. Bern, S. 117–131

Korn, M. (2016): Imaging Discovering That Your Teaching Assistant Really Is a Robot. In: The Wall Street Journal, 6. Mai 2016, Zugriff am 15.5.2016 unter: http://www.wsj.com/articles/if-your-teacher-sounds-like-a-robot-you-might-be-on-to-something-1462546621

Kreye, A. (2010): Das Ende der Weisheit der Vielen. In: SZ, 17. Mai 2010. Zugriff am 28.6.2016 unter http://www.sueddeutsche.de/wirtschaft/serie-kapitalismus-in-der-krise-das-ende-der-weisheit-der-vielen-1.359296

Krommer, A. (2016a): Tweet vom 8.4.2016. Zugriff am 27.4.2016 unter https://twitter.com/mediendidaktik_/status/718522110495363072

– (2016b): Digitale Jugendliteratur: Social Media, eBooks und Apps. In: Der Deutschunterricht, 5/2016, S. 56–67.

Kruse, O./Ruhmann, G. (2006): Prozessorientierte Schreibdidaktik. Eine Einführung. In: Kruse, O. et. al. (2006): Prozessorientierte Schreibdidaktik. Schreibtraining für Schule, Studium und Beruf. Bern/Stuttgart/Wien, S. 13–37

Kultusministerkonferenz (2013): Bildungsstandards im Fach Deutsch für den Mittleren Schulabschluss. Beschluss vom 4. Dezember 2013. Zugriff am 20.9.2015: http://www.kmk.org/fileadmin/Dateien/veroeffentlichungen_beschluesse/2003/2003_12_04-BS-Deutsch-MS.pdf

Kühl, E. (2014): Ein Trickster namens Eugene Goostman. In: Die Zeit, 10. Juni 2014, Zugriff am 3.4.2016 unter: http://www.zeit.de/digital/internet/2014-06/turing-test-eugene-goostman-kritik

Kurianowicz, T. (2014): Die neue kalte Liebesordnung. Schreiben statt streicheln. In: NZZ, 20. 6. 2014. Zugriff am 20.4.2016 unter: http://www.nzz.ch/feuilleton/die-neue-kalte-liebesordnung-1.18325876

Larbig, T. (2012): Franz Kafka: Das Urteil. Ein Unterrichtsmodell. Zugriff am 15. 12. 2012 unter http://herrlarbig.de/2012/03/21/franz-kafka-das-urteil-ein-unterrichtsmodell-einfuhrung-und-lekture-des-gemeinfreien-textes/

Leubner, Martin (2014): Digitale literale Medien im Deutschunterricht. In: Frederking, V./Krommer, A./Möbius, T. (2014): Digitale Medien im Deutschunterricht. Hohengehren, S. 185–211

Lübberding, F. (2015): Pennäler im Kanzleramt. Youtube-Star interviewt Merkel. Zugriff am 10.11.2015 unter: http://www.faz.net/aktuell/feuilleton/medien/tv-kritik/youtuber-le-floid-interview-merkel-13701378.html

Lütkes, C./Klüter, M. (1995): Der Blick auf fremde Kulturen. Ein Plädoyer für völkerkundliche Themen im Schulunterricht. Münster/New York

Mangen, A./Walgermo, B. R./Bronnick, K. (2012): Reading linear texts on paper versus computer screen: Effects on reading comprehension. In: International Journal of Educational Research 58, S. 61–68

Marci-Boehncke, G. (2014): Grundbildung Medien mitdenken – Überlegungen zur Medienbildung im Fach Deutsch in Lehramtsausbildung und Schule. In: Imort, P./Niesyto, H. (Hg.): Grundbildung Medien. München, S. 195–210

Markwardt, N. (2015): Münkler und die Detektive. In: Die Zeit, 16. Mai 2016. Zugriff am 22.8.2016 unter: http://www.zeit.de/kultur/2015-05/herfried-muenkler-rassismus-debatte

Masnick, M. (2014): No, A ›Supercomputer‹ Did Not Pass The Turing Test For The First Time And Everyone Should Know Better. Zugriff am 5.4.2016 unter: https://www.techdirt.com/articles/20140609/07284327524/no-supercomputer-did-not-pass-turing-test-first-time-everyone-should-know-better.shtml

Meyer, H. (2001): Türklinkendidaktik. Aufsätze zur Didaktik, Methodik und Schulentwicklung. Berlin

– (2004): Was ist guter Unterricht? Berlin

Moretti, F. (2016): Literatur als Big Data. Interview Spiegel Online mit Anne Haeming. Zugriff am 14.6.2016 unter http://www.spiegel.de/kultur/literatur/franco-moretti-als-ob-ich-die-literatur-an-barbaren-verrate-a-1096078.html

Mueller, P./Oppenheimer, D. (2014): The Pen Is Mightier Than the Keyboard: Advantages of Longhand Over Laptop Note Taking. In: Psychological Science. Zugriff am 15.5.2016 unter: http://pss.sagepub.com/content/early/2014/04/22/0956797614524581

Muuß-Merholz, J. (2016): Digitales Mainstreaming – Prüfungsaufgaben aus Hamburg. Zugriff am 20.4.2016 unter http://www.joeran.de/digitales-mainstreaming-pruefungsaufgaben-aus-hamburg/

Netzwerk Leichte Sprache (2013): Die Regeln für die Leichte Sprache. Zugriff am 15.5.2016 unter http://www.leichtesprache.org/images/Regeln_Leichte_Sprache.pdf
Notari, M./Döbeli Honegger, B. (2013): Der Wiki-Way der Lernens. Bern
Passig, K. (2009): Standardsituationen der Technologiekritik. Zugriff am 5.1.2014 unter http://www.eurozine.com/articles/2009-12-01-passig-de.html
–/Scholz, A. (2015): Schlamm und Brei und Bits. Warum es die Digitalisierung nicht gibt. In: Merkur 69 (798), S. 75–81
– (2016): Das Internet ist keine Bibliothek: Quellenangaben im Wandel. Zugriff am 2.7.2016 unter http://techniktagebuch.tumblr.com/post/146913150817/1-juli-2016
Platthaus, A. (2014): Der Untergang des Lexikons. In: FAZ, 6.7.2014. Zugriff am 4.5.2016 unter http://www.faz.net/aktuell/feuilleton/buecher/themen/wikipedia-hat-brockhaus-beerbt-13028236.html
Porombka, S. (2012): Schreiben unter Strom. Experimentieren mit Twitter, Blogs, Facebook & Co. Mannheim u. Zürich
– (2015): »Als Forscher beobachte ich auch mich selbst.« Interview mit Peter Bieg. In: Die Zeit, 18. März 2016. Zugriff am 15.8.2016 unter http://www.zeit.de/studium/2015-03/stephan-porombka-kunst-professor-udk-kolumne/komplettansicht
– (2016): Professor Praxis. In: Die Zeit 24/2016
Pritsch, S. (2009): Rhetorik als Selbsttechnologie: Postmoderne Figuren des Subjekts zwischen ›Sagen‹ und ›Tun‹. In: Jahrbuch Rhetorik 30, S. 97–107
Reinbold, F. (2015): Werbung auf YouTube: Das Bibi-Business. Zugriff am 22.8.2016 unter: http://www.spiegel.de/netzwelt/web/youtube-star-bibi-wirbt-junge-menschen-das-neue-werbe-business-a-1066678.html
Reitz, C. (2010): Googles Werk und des Autors Beitrag. In: FAZ, 21.10.2016. Zugriff am 10.8.2016 unter: http://www.faz.net/aktuell/feuilleton/buecher/2.1719/poesie-aus-dem-internet-googles-werk-und-autors-beitrag-11055965.html#Drucken
Rosa, L. (2014): Kulturzugangsgerät, kleine Abhandlung. Zugriff am 20.6.2016 unter https://shiftingschool.wordpress.com/2014/10/21/kulturzugangsgerat-kleine-abhandlung/
– (2015): Verlust und Neugewinn: Lehren und Lernen im Medienumbruch. Zugriff am 20.8.2016 unter: https://prezi.com/ys9g0sh5tvys/verlust-und-neugewinn-lernen-und-lehren-im-medienumbruch/
– (2016): Welche digitale Bildung wollen wir? Zugriff am 20.8.2016 unter: http://schuleundkirche.ekir.de/2016/08/08/welche-digitale-bildung-wollen-wir/
Rosen, B. (2016): My Little Sister Taught Me How To »Snapchat Like The Teens«. Zugriff am 15.4.2016 unter: https://www.buzzfeed.com/benrosen/how-to-snapchat-like-the-teens
Roth, J. (2015): Mehr als ein Mord – das Ende einer Flucht aus Eritrea. Zugriff am 1.8.2016 unter: http://www.deutschlandradiokultur.de/mehr-als-ein-mord.2522.de.html
Ruf, U./Gallin, P. (2005/2011): Dialogisches Lernen in Sprache und Mathematik, Band 1: Austausch unter Ungleichen, 4. Aufl. Seelze
– (o. J.): Prämissen. Zugriff am 20.12.2012 unter http://www.lerndialog.uzh.ch/model/premise.html
Schindler, K./Wolfe, J. (2014): Beyond single authors: Organizational text production as collaborative writing. In: Jakobs, E. und Perrin, D. (2014): Handbook of Writing and Text Production. Berlin/Boston, S. 360–391
Schnetzer, A. (2006): Peer-Feedbacks an Mittel- und Hochschule. In: Kruse, O. et. al. (2006): Prozessorientierte Schreibdidaktik. Schreibtraining für Schule, Studium und Beruf. Bern, Stuttgart/Wien, S. 195–214
Schnitzler, A. (1928): Fräulein Else. Berlin/Wien/Leipzig

Schollähn, A. (2015): Täter unbekannt. Podcasts. Zugriff am 5.6.2016 unter: https://www.ndr.de/ndr2/sendungen/taeterunbekannt/podcast4282.html

Schulz, B. (2016): »Der Hochstapler ist eine Kultfigur des 20. Jahrhunderts.« Zugriff am 1.8.2016 unter: http://www.deutschlandfunk.de/literaturwissenschaftler-porombka-der-hochstapler-ist-eine.694.de.html?dram:article_id=362383

Schurf, B./Wagener A. (Hg./2014): Texte, Themen und Strukturen. Ausgabe für NRW. Berlin.

Sickert, T. (2016): Künstliche Intelligenz: Vom Hipster-Mädchen zum Hitler Bot. In: Spiegel Online, 24.3.2016. Zugriff am 25.3.2016 unter: http://www.spiegel.de/netzwelt/web/microsoft-twitter-bot-tay-vom-hipstermaedchen-zum-hitlerbot-a-1084038.html

Spinner, K. H. (1997): Reden lernen, Praxis Deutsch 24,144 (1997) S. 16–22

– (2006): Literarisches Lernen. In: Praxis Deutsch 34, H. 200, S. 6–16

Stadler, P. (2016): Wenn Schüler ihr Lernen steuern. Zertifikatsarbeit PH Luzern. Zugriff am 2.7.2016 unter: http://pistadler.ch/wp-content/uploads/Zertifikatsarbeit_Stadler_1.1.pdf

Stalder, F. (2016): Kultur der Digitalität. Frankfurt/M.

Staiger, M. (2007): Medienbegriffe, Mediendiskurse, Medienkonzepte. Bausteine einer Deutschdidaktik als Medienkulturdidaktik. Baltmannsweiler

Stefanowitsch, A. (2016): Was ist überhaupt Hate Speech? Zugriff am 22.8.2016 unter: https://www.amadeu-antonio-stiftung.de/hatespeech/was-ist-ueberhaupt-hate-speech/

Stein, H. (2015): Wikipedia ist eine sexistische Männerwelt. In: Die Welt, 15. Juni 2015. Zugriff am 11.5.2016 unter http://www.welt.de/debatte/kommentare/article142471444/Wikipedia-ist-eine-sexistische-Maennerwelt.html

– (2013): Smarter Than You Think. New York

Thompson, C. (2014): The Joy of Typing. Zugriff am 23.8.2016 unter: https://medium.com/message/the-joy-of-typing-fd8d091ab8ef#.9nq6sv5jq

Wagner, A. C. (2012): Ueberflow. User Experience in benutzergenerierten, digitalen Lernumgebungen – Gestaltungsspielräume für globale Bildung. Zugriff am 1.8.2016 unter: https://kobra.bibliothek.uni-kassel.de/bitstream/urn:nbn:de:hebis:34-2012031540919/7/DissertationAnjaCWagner.pdf

Wampfler P. (2012): Warum die Schule Trolle braucht. Zugriff am 22.8.2016 unter: https://schulesocialmedia.com/2012/10/26/warum-die-schule-trolle-braucht-mein-vortrag-auf-der-trollcon/

– (2013): Facebook, Blogs und Wikis in der Schule. Ein Social-Media-Leitfaden. Göttingen

– (2014): Generation Social Media. Wie digitale Kommunikation Leben, Beziehungen und Leben Jugendlicher verändert. Göttingen

– (2015): »Ich habe in diesem Spiel keinen Reiz gefunden, da nichts wirklich passiert« – Die Lektüre von Sunset im gymnasialen Deutschunterricht im Vergleich mit Jenny Erpenbecks Erzählung Wörterbuch. In: Paidia.de 15 (Computerspiele und Werteerziehung), Zugriff am 2.3.2016 unter: http://www.paidia.de/?p=6657

– (2016): Deutschdidaktik und digitale Literatur. Erscheint in: Stobbe, M. (Hg.): digital.sozial.marginal, Münster, Textpraxis.

Wermke, J. (1997): Integrierte Medienerziehung im Fachunterricht. Schwerpunkt: Deutsch. München

Wolf, M./Barzillai, M. (2009): The Importance of Deep Reading. In: Literacy 2.0, 66/6, S. 32–37

Würmli, S. (2013): Was ist Twitter? Zugriff am 3.5.2016 unter: phwa.ch/twittereinführung

Zeh, J. (2016): Unterleuten. München